Lebendigkeit statt DEPRESSION

Die Wahrheit wird dich befreien!
Geistlichem Burnout vorbeugen!
Resilienz in christlichen Berufen.
Ein Buch auch für Nicht-Christen und Ungläubige!

Ordnet euch Gott unter, leistet dem Teufel Widerstand und er wird vor euch fliehen.

Jakobus 4, Vers 7

Claudia Hofmann – Follow Jesus
Auflage 2 – Januar 2021 – copyright ©
Alle Rechte vorbehalten

Inhalt

VORWORT 3
KAPITEL 1 – WAS LEGITIMIERT MICH? 6
KAPITEL 2 – RESILIENZ UND STRESSMANAGEMENT 16
KAPITEL 3 – IST DEPRESSION GOTTES WILLE? 30
KAPITEL 4 – LEBENDIGKEIT KOMMT VON LEBEN 53
KAPITEL 5 – MEIN ZEUGNIS HEILUNG VON PSYCHISCHER ERKRANKUNG 67
KAPITEL 6 – FINGER WEG VON PERSÖNLICHKEITSENTWICKLUNG, ESOTERIK UND RELIGION 87
KAPITEL 7 – LÜGE UND WAHRHEIT 108
KAPITEL 8 – WAS MÖCHTE GOTT FÜR DICH 112

Vorwort

„Das Licht strahlt in der Dunkelheit, aber die Dunkelheit hat sich ihm verschlossen."

Johannes 1, Vers 5

Ich schreibe dieses Buch, weil ich weiß, dass Depressionen und geistliche Krankheiten, im Allgemeinen, ein großes Thema in unserer heutigen Gesellschaft sind. Persönlich liegen mir Menschen sehr am Herzen. Das taten sie auch schon zu einer Zeit, bevor ich eine **lebendige** Christin wurde. Vielleicht fragst du dich, wieso ich mich als lebendige Christin bezeichne. Ich bezeichne mich deshalb als lebendige Christin, weil ich mich von vielen Namenschristen, die mehr tot als lebendig sind, abheben möchte. Ich tue dies nicht, um den Eindruck zu erwecken, ich sei etwas Besseres. Nein! Schließlich gibt es einige Menschen/Geschwister, die ebenfalls einen lebendigen Glauben leben. Ich tue dies, um dir aufzuzeigen, dass es einen Unterschied im Leben von Christen und Christen gibt. Vielleicht bist du (noch) kein Christ und kannst mit diesen Begriffen nichts anfangen. Keine Angst. Dieses Buch kann auch für dich von erheblichem Nutzen sein, auch wenn du nicht gläubig bist. Vielleicht kannst du dich beim Lesen auch auf die christlichen Passagen einlassen und die Worte in deinem Herzen wirken lassen.

Wir alle glauben etwas. Sowie Christen an etwas glauben oder Nichtchristen an etwas glauben, so glauben auch Atheisten oder Andersgläubige ebenfalls etwas. Und sei es nur, dass sie glauben, dass Gott nicht existiert.

Als ich als Coach und Trainerin im Bereich Esoterik, Spiritualität und Persönlichkeitsentwicklung aktiv war, gab es Lehren darüber, wie wir schwierige Situationen in unser Leben integrieren und meistern. Es wurde z. B. von Work-Life-Balance, Stressmanagement, Zeitmanagement usw. gesprochen.

Heute ist es (unter Anderem) der Begriff **Resilienz**, der die Top-Bücherlisten anführt. Wir werden uns in diesem Buch diesem Begriff noch näher widmen.

Ich wurde von einem Nichtchristen gefragt, also jemandem, der nicht an Gott glaubt, ob ich ein Buch über das Thema Resilienz schreiben könne, schließlich hätte ich doch genügend Wissen aus meiner früheren Tätigkeit als Trainerin und Coach darüber. Sicher könne ich damit ein Buch füllen. Das stimmt! Mein Wissen in diesem Bereich ist so umfassend und qualitativ hochwertig, dass ich hierüber drei Bände schreiben könnte, fundiert auf psychologischen Fachbegriffen oder neurowissenschaftlichen Erkenntnissen. Ich habe den Auftrag dankend abgelehnt, denn ich wäre nicht umhingekommen, in diesem Buch über die wertvollen Wahrheiten und Erkenntnisse aus der Bibel zu berichten, die mir in den letzten 18 Monaten offenbart worden sind. Denn bereits in der Bibel kannte man Depressionen und psychische Erkrankungen und dieses Buch hat auch die Lösung hierfür.

Ich hätte also lügen oder den Menschen wertvolle Wahrheiten verschweigen müssen. Und du weißt: Lügen ist Sünde. Ich hätte es nicht mit meinem Gewissen vereinbaren können, nicht alles zu sagen, was ich heute weiß.

Doch Gott gab mir den Impuls, zu diesem Thema zu schreiben, denn psychische Erkrankungen können jeden treffen. Christen wie Nichtchristen.

Als wiedergeborene Christin kann ich nicht anders, als die Wahrheit zu sprechen. In diesem Buch wirst du viele Wahrheiten lesen, die du bisher vielleicht noch nicht kanntest. Mögen sie dein Herz berühren und dir **tiefen Frieden und Heilung** bringen. Ich kann dir versichern, wenn du, zumindest für einen kleinen Moment in Betracht ziehen kannst, dass das, was du bisher über Krankheiten gewusst hast, lediglich **ein** Teil der **ganzen** Wahrheit ist und es da noch einen Teil gibt, der dir bisher noch nicht offenbart wurde, dann ist dein Herz offen für eine Wahrheit, die dich freisetzen könnte.

„Lauter gute Gaben, nur vollkommene Gaben, kommen von oben, dem Schöpfer der Gestirne. Bei ihm gibt es kein Zu- und Abnehmen des Lichtes und keine Verfinsterung. Aus seinem freien Willen hat er uns durch das Wort der Wahrheit, durch die gute Nachricht, ein neues Leben geschenkt. So sind wir gleichsam, die Erstgeborenen seiner neuen Schöpfung."

Jakobus 1, Verse 17-18

Kapitel 1 – Was legitimiert mich?

Du könntest dir jetzt (zurecht) die Frage stellen, was mich dazu legitimiert oder berechtigt, dieses Buch zu verfassen bzw. zu schreiben. Ich bin weder Ärztin, Heilpraktikerin, eine diplomierte Psychologin oder Psychiaterin.

Meine Ausbildungen erstrecken sich auf Ausbildungen im Bereich **Stressmanagement** und **aktive Entspannungstechniken**, eine zweijährige Ausbildung zur **Fitness- und Wellnesstrainerin** an einer Schule für freie Gesundheitsberufe, einer Ausbildung als **psychologische Beraterin** und vielen Ausbildungen im Bereich **Gesundheit** und **Fitness** (Internationale Fitness- und Aerobic-Akademie, einer **TÜV-Dekra-zertifizierten** Yoga-Ausbildung, Pilates, Rückenschule...), sowie mehrerer **IHK- zerifizierter** Ausbildungen als **Trainerin und Coach** mit Ausbildungen in diesem Bereich an der **European-Business-Ecademy** mit **NLP-Practitioner/Master**. Hinzu kommen noch viele Ausbildungen im Bereich des **Spirituellen** und der **Esoterik,** deren Seminargebühren sicherlich in einen sportlichen Mittelklassewagen besser investiert gewesen wären. Außerdem absolvierte ich Ausbildungen im Bereich der **Homöopathie**, **Schüßler Salze** sowie **Kinesiologie.**

Ich will damit nicht prahlen! Ich möchte dir aber darlegen, dass ich genug Erfahrung sammeln konnte, um in diesem Buch eine Meinung zu kundzutun.

Der Bereich des Stressmanagements und Business-Training (für Heiler, Coaches, Heilpraktiker...) war eine meiner Kernaufgaben als Trainerin und Coach. Diese Tätigkeit übte ich bis zum Sommer 2018 erfolgreich aus, bildete aus bzw. war gerade dabei, ein eigenes Franchisesystem mit zwei eingetragenen Marken (NL-Spirit® und KHB-Coaching®) aufzubauen. Ich war Trainerin der erfolgreichen Ultrakurzzeitcoaching-Therapiemethode **emotionSync®,** welche die neuesten neurowissenschaftlichen Erkenntnisse im Bereich Therapie und NLP umsetzt.

Seminare im psychologischen Bereich wie: **Gewaltfreie Kommunikation** nach Marshall B. Rosenberg, Die 4 Erfolgsfragen nach Byron Katie (**The Work**) oder **Lösungsorientierte Kurzzeittherapie** nach Steve D. Shazer usw. waren Teil meiner Ausbildungen und sind für mich nichts Neues, wie für manchen Christen, der davon das 1. Mal hört.

Erschreckend war für mich festzustellen, dass sogar im seelsorgerischen Bereich mit diesen Methoden gearbeitet wird. Dies zeigt, dass bereits viele Christen vom wahren, lebendigen Glauben abgefallen sind und Methoden der Welt als wirkungsvoller ansehen als das von Gott inspirierte Wort Gottes.

„Hütet euch vor den falschen Propheten! Sie sehen zwar aus wie Schafe, die zur Herde gehören, in Wirklichkeit sind sie Wölfe, die auf Raub aus sind. An ihren Taten sind sie zu erkennen. Von Dornengestrüpp lassen sich keine Weintrauben pflücken und von Disteln keine Feigen."

Matthäus 7, Verse 15-16

„Meine Lieben, eigentlich drängt es mich, euch etwas über die Rettung zu schreiben, auf die wir gemeinsam hoffen. Doch ich sehe, es ist dringlicher, dass ich euch ermahne und euch aufrufe: Tretet entschieden für den überlieferten Glauben ein, der dem heiligen Volk Gottes ein für alle Mal anvertraut worden ist. Denn gewisse Leute haben sich bei euch eingeschlichen, Menschen, die Gott nicht ernst nehmen."

Judas 1, Verse 3-4

„Das sei ferne! Es bleibe vielmehr also, dass Gott sei wahrhaftig und alle Menschen Lügner; wie geschrieben steht: „Auf dass du gerecht seist in deinen Worten und überwindest, wenn du gerichtet wirst."

Römer 3, Vers 4

„Denn ich weiß, wenn ich nicht mehr unter euch bin, werden gefährliche Wölfe bei euch eindringen und unter der Herde wüten. Aus euren eigenen Reihen werden Männer auftreten und mit ihren verkehrten Lehren die Jünger und Jüngerinnen zu verführen suchen, sodass sie nicht mehr dem Herrn, sondern ihnen folgen."

Apostelgeschichte 20, Verse 29-30

Ich weiß also durchaus, wovon ich in diesem Buch spreche. Als Trainerin und Coach durfte ich zwar nicht therapieren, dennoch konnte ich vielen Menschen dabei helfen, mit Stresszuständen umzugehen. Unter dem Begriff **Resilienz** wird die **schwierige psychische Widerstandskraft** verstanden (also die Fähigkeit), Lebenssituationen ohne anhaltende Beeinträchtigung zu überstehen. Mit anderen Worten: Resilienz ist ein **moderner** Begriff für all die Methoden und Begriffe, die es schon seit Jahrzehnten im Bereich Stressmanagement und Psychologie gibt.

In diesem Buch werde ich an der ein oder anderen Stelle Beispiele geben, die ich selbst in der Praxis, im Bereich Stressmanagement und Work-Life-Balance, erfahren aber auch selbst gelehrt habe. Jahrelang hielt ich Trainerseminare in Unternehmen ab und vermittelte den Menschen Wissen und Methoden, wie sie mit Stresssituationen konstruktiv umgehen können. Der Bereich Zeit, Stress- und Selbstmanagement war stets Bestandteil von Seminaren und Gesprächen. Ich habe mit vielen hundert Menschen in Eins-zu-Eins-Gesprächen gearbeitet, Probleme herausgearbeitet, negative Gefühle angeschaut und Pläne entwickelt, wie sie im Leben besser klarkommen können. Meine Beobachtungen werden ebenfalls mit in dieses Buch einfließen.

Ich kann also durchaus sagen, dass ich sowohl in der Theorie als auch in der Praxis, qualifiziert bin, das Thema Depression und Lebendigkeit aus unserem Verhalten im Alltag (privat und beruflich) und den damit zusammenhängenden Stresszuständen zu beleuchten und eine Meinung darüber abzugeben, sowie dir den biblischen Kontext näherzubringen. Also das, was Gott zu diesem Thema zu sagen hat. Dann kannst du dir, denke ich, ein gutes Urteil darüber bilden, was du glauben möchtest und was dich deinem Ziel näher bringt.

An dieser Stelle muss ich die Anmerkung machen, dass dieses Buch **kein** Ersatz für eine ärztliche bzw. therapeutische Behandlung darstellt.

Obwohl ich heute davon überzeugt bin, dass die Wahrheiten, die ich dir in diesem Buch offenbare, die **einzig anhaltende** Lösung für Heilung im Bereich Depression und Krankheit ist, muss ich dich darauf hinweisen, dass du in einer akuten Situation Rücksprache mit einem Arzt oder Heilpraktiker halten musst.

Auch wenn ich diese Aussage heute nicht mehr als Wahrheit sehen kann, ist es meine **gesetzliche und gesellschaftliche** (nicht göttliche) Pflicht, dich darauf hinzuweisen, dass du in **Allem** Rücksprache mit einem Arzt hältst. Auch als wiedergeborene Christin muss ich mich an Gesetze und Regeln halten, was ich hiermit tue. In Bezug auf das Recht der freien Meinungsäußerung (und meine göttliche Pflicht), schreibe ich dieses Buch, um eine Perspektive für dein Problem aufzuzeigen, die du bisher vielleicht noch nicht kennengelernt hast.

Wenn du dich nicht an die Anweisungen deines Arztes oder Therapeuten nicht hältst, dann ist dies deine eigene Verantwortung, ich kann für dein Verhalten keine Verantwortung übernehmen. Gott macht niemandem Vorwürfe, der in schulmedizinischer Behandlung ist. Ich halte auch nichts davon, wenn jemand probiert, über das Ziel hinauszuschießen und sich jetzt etwas beweisen zu müssen. Gehe die Sache langsam an und ziehe evtl. in Betracht, dass Gott eine Lösung für dich haben könnte, die du bisher noch nicht kennst.

Dies gilt auch für Christen. Du kannst **nicht meinen** tiefen und festen Glauben in die Wahrheit Gottes nehmen (dass

Gott für uns keine Krankheit - egal welcher Art - vorgesehen hat) und **dir meinen** Glauben als **eigenen** Glauben anziehen. Die Wahrheit muss in deinem Herzen freigesetzt werden und dann kann sich daraufhin in deinem Leben ein Fundament aufbauen. Dies kann **ich nicht** für dich übernehmen (**1. Korinther 5**). Deshalb musst du selbst entscheiden, welchen Weg du gehst/einschlägst und welche Tipps du dir zu Herzen nimmst oder praktisch umsetzt.

Als Ergänzung füge ich (für Christen) die Bibelstelle an, dass jegliche Tat **ohne** Glauben eine Sünde darstellt und demnach **schlecht** für uns selbst ist. Wenn jemandem der Glaube an die übernatürliche Heilung fehlt, halte ich es (zumindest in dieser Phase) für sinnvoll, einen Arzt aufzusuchen, statt in Eigenregie ein Selbstexperiment zu wagen! Denn ein **Handeln** im **Unglauben** öffnet dem Teufel die Tür!

„Und alles Tun, das nicht aus dem Glauben kommt, ist Sünde."

Römer 14, Vers 13

Es kann keine Fernsehsendung ausgestrahlt werden, in der ein Hinweis (zu Risiken und Nebenwirkungen fragen Sie Ihren Arzt oder Apotheker) nicht erbracht wird. Zu Risiken und Nebenwirkungen, fragen Sie Ihren Arzt oder Apotheker.

Beim Schreiben dieses Buches musste ich darüber schmunzeln, wie geläufig dieser Satz in meinem Gehirn doch noch ist. Dies zeigt, wie wir durch Medien konditioniert und manipuliert werden. Unser Gehirn wird regelrecht auf **Risiken und Nebenwirkungen** fokussiert, statt auf **Lösungen** und **positive Ergebnisse**. Worauf wir unseren Fokus richten, das wird sich in unserem Leben vermehren. Ich möchte hier ebenfalls einen **RISIKENHINWEIS** abdrucken:

RISIKEN UND NEBENWIRKUNGEN EINES FESTEN GLAUBENS UND VERTRAUENS IN GOTT UND SEIN HANDELN (DAS VOLLBRACHTE WERK DES KREUZES), DEN ALLMÄCHTIGEN; DEN SCHÖPFER DES HIMMELS UND DER ERDE KÖNNEN SEIN:

- Liebe
- Freude
- Frieden
- Geduld
- Freundlichkeit
- Güte
- Treue
- Bescheidenheit
- Selbstbeherrschung
- Gesundheit
- Wohlstand
- Gelungene und erfüllende Beziehungen
- Freude im Job
- Glück und Segen
- u.v.m.

Ich werde dir in diesem Buch auch praktische Übungen an die Hand geben, die dir helfen können, zurück in deine Lebendigkeit zu kommen (in einen lebendigen Glauben), den dir Gott schon zur Verfügung gestellt **HAT**. Du weißt nur noch nicht genau, wie du darauf zugreifen sollst. Aber: Wenn du wiedergeboren wurdest, ist bereits alles vorhanden. Wer depressiv ist, und nicht im Glauben steht, muss die Schritte in den lebendigen Glauben noch gehen. Manchmal ist aber auch eine übernatürliche Befreiung der Grund, weshalb Menschen zum Glauben an Jesus Christus kommen.

Drei wichtige Erkenntnisse/Wahrheiten, die mir in diesem Kapitel bewusst geworden sind:

1.

2.

3.

Platz für Deine Gedanken und Gebet:

Kapitel 2 – Resilienz und Stressmanagement

Wenn wir es uns näher anschauen, bedeutet das Wort Resilienz (vom lateinischen Begriff *resilire*) so etwas wie Zurückspringen oder Abprallen und ist damit nichts anderes als die vor einigen Jahren modernen Begriffe wie Zeit-, Selbst- und Stressmanagement oder Work-Life-Balance.

Wenn du bei Wikipedia nachliest, ist Resilienz „die psychische Widerstandsfähigkeit, die Fähigkeit, Krisen zu bewältigen und sie durch Rückgriff auf persönliche und/oder sozial vermittelte Ressourcen (als Anlass für Entwicklungen) zu nutzen." Mit Resilienz verwandt sind:

- Die Entstehung von Gesundheit (Salutogenese),
- Widerstandsfähigkeit und
- Bewältigungsstrategien (Coping) sowie
- Selbsterhaltung (Autopoiesis).

Quelle: Wikipedia

Bereits vor fünfzehn Jahren unterrichtete ich in Gruppen, sowie in Einzelsessions das Thema Stressmanagement. Damals war ich noch sehr aktiv als Fitnesstrainerin im Fitnessstudio beschäftigt, als ich dort meine erste Kundin fand. Sie war eine Kursteilnehmerin, die unter Stress litt. In meiner Euphorie und Naivität lud ich sie zu mir ein und verkaufte damals mein erstes kleines Coachingpaket zum Thema Stressmanagement mit zehn Einheiten á 60 Minuten.

Damals nahm ich noch nicht viel Geld und meine erste Kundin bezahlte hierfür insgesamt 99 Euro. Ich kannte mich damals schon mit Gesprächstechniken, wie z.b. gewaltfreie Kommunikation oder Byron Katie und lösungsfokussierter Kurzzeittherapie nach den Psychotherapeuten Steve De Shazer und Insoo-Kim Berg, aus. Dort hatte ich bereits erfolgreich Seminare besucht und mich ausbilden lassen.

Ich saß also mit meiner ersten Kundin zusammen und sie erzählte mir von ihren Problemen. Durch meine zweijährige Ausbildung zur **Fitness- und Wellnesstrainerin**, sowie meiner Ausbildung als **Entspannungstrainerin**, welche autogenes Training, progressive Muskelentspannung, Trancetechniken usw. umfasste, konnte ich ihr gut erklären, wie sich ihr Stresszustand im Gehirn äußerte und welche Verhaltensänderungen sie brauchte, um entspannter durch ihren Alltag (privat und beruflich) gehen zu können.

Sie kam jede Woche für eine Stunde zu mir und wir sprachen über ihre Probleme. Gemeinsam konnten wir Ansätze entwickeln und es zeigten sich in ihrem Leben positive Veränderungen. Nach einiger Zeit, unsere Sitzungen waren längst abgelaufen, kam sie zu mir und berichtete mir davon, dass sie ein paar Tage zuvor eine Dokumentation über das Thema Depression gesehen hatte. Sie bedankte sich bei mir und sagte, dass sie mich zum richtigen Zeitpunkt getroffen hätte, denn sonst wäre sie in einer Depression gelandet. Alle Anzeichen hätten damals dafürgesprochen.

Mir war dies zum damaligen Zeitpunkt nicht bewusst. Ich wollte lediglich, dass sie weniger Stress hatte. Ihre

Anzeichen einer anbahnenden Depression kannte ich nicht. Diese erfuhr ich erst in meiner späteren Ausbildung zur psychologischen Beraterin. Ich hätte also gar nicht mit ihr arbeiten dürfen. Ich hätte (grundsätzlich) anhand ihres Verhaltens ahnen könne, dass Symptome einer Depression vorhanden sind und hätte sie zu einem Arzt weiterschicken müssen.

Als Trainerin und Coach war es mir nicht erlaubt, im Bereich Heilung und psychische Erkrankung aktiv zu werden. Dies ist in Deutschland nur Ärzten, Heilpraktikern (bzw. Heilpraktiker Psychotherapie) und hierfür ausgebildeten Psychologen erlaubt.

Heute bin ich froh und dankbar, dass ich eine Heilpraktikerin Psychotherapie kenne, die in einen festen Glauben hineingewachsen ist und jetzt Christen Hilfestellung geben kann. Sie verweist auf die Bibel, kann aber dennoch den rechtlich wichtigen gesundheitlichen Aspekt abdecken, weil sie entsprechend ausgebildet ist. Bei Bedarf kann ich dir gerne ihren Kontakt weitergeben.

Dennoch wusste ich damals, dass, wenn jemand auch in einer psychologischen Behandlung war, es mir erlaubt war, ergänzend mit den Menschen an/mit den Stresssymptomen zu arbeiten.

Darauf fokussierte ich meine Arbeit. Ich war also stets darum bemüht, dass das Leben der Menschen sich auf ein emotional besseres Niveau anhob. Dies gelang mir nicht immer. Warum dies so war, welche Hinderungsgründe es gibt, darauf werde ich in diesem Buch noch näher eingehen, denn diese Hinderungsgründe sind zum größten Teil dieselben, die auch im christlichen/

geistlichen Bereich eine Verbesserung der Situation verhindern.

Durch meine Ausbildung als Fitness- und Wellnesstrainerin konnte ich auf umfangreiches Wissen aus den Bereichen:

- **Sport und Bewegung** (über 20 Jahre war ich aktiv als Fitnesstrainerin tätig), dem Bereich
- **Stressmanagement** und
- **Psychologie**, sowie
- **Ernährung** und **körperliches Wohlbefinden** zurückgreifen. Da ich auch eine Ausbildung als
- **Ernährungsberaterin** (DGE) absolviert hatte, konnte ich den Menschen dort ebenfalls umfangreiche Tipps aus dem Bereich Nährstoffe und Ernährungsgewohnheiten geben.

Nicht selten war es so, dass Menschen, welche Vorsymptome einer Depression aufwiesen, auch körperliche und gewichtsspezifische Probleme hatten. So baute meine Arbeit im **Gesundheitsbereich** auf den Säulen Fitness/Bewegung, Psychologie, Stressmanagement und Entspannung sowie Ernährung auf. Ich muss schmunzeln, heute deckt ein einziges Fundament, Jesus Christus und das Wort Gottes, alles ab. Das Wort ist in der Lage, dein Leben positiv zu verändern.

Mit diesen vier Säulen hatte ich alles an der Hand, um einen Menschen umfangreich betreuen zu können. Dennoch schafften es viele **nicht**, das Gehörte und Gelernte auf Dauer umzusetzen. Ich bin davon überzeugt, dass ich mit all meinen Qualifikationen und Ausbildungen auf dem momentanen Gesundheitsmarkt im Bereich Resilienz enorme Resultate erzielen könnte.

Denn es ist nicht so, dass alle diese Methoden, die angeboten werden, schlecht sind. Aber ich muss heute sagen, dass sie lediglich die **zweite** Wahl und **Symptombekämpfung** darstellen. Bei den meisten verbessert sich zwar ihre Situation (zum Teil auch erheblich), allerdings bleiben tiefer Frieden, Angekommensein, Ruhe und Gelassenheit in wirklich schwierigen Lebenssituationen, meistens längerfristig aus. Oder man nimmt die freigewordene Kraft, um in seinem Leben noch eins draufzusetzen.

Und das ist der Punkt: Man verbessert zwar die Lebensqualität, aber meistens verlagert sich dann das Problem in einen anderen Bereich des Lebens. Viele kommen aus einer 1. Maßnahme (z.b. Psychotherapie) und wollen dann in diesen Bereich einsteigen und arbeiten, also anderen Menschen helfen/Unterstützung geben. So war es auch bei mir. Nach dem Besuch bei einer Psychotherapeutin war mein Interesse an der Psychologie geweckt und der Einstieg in die Irrlehren (so kann ich es rückblickend sehen), geebnet. Danach dauert es nochmal über 15 Jahre, bis ich an dem Punkt war, dass ich durch die Persönlichkeitsentwicklung alles erreicht hatte, was man hat erreichen können. Aber es fehlte immer noch ein Hauch, das Salz in der Suppe, zur absoluten Vollkommenheit. Das i-Tüpfelchen. In einem anderen Buch habe ich das näher für Christen beschrieben. Ich möchte hier nicht den Anschein erwecken, als wollte ich das, was am Kreuz geschehen ist, klein machen. Zum damaligen Zeitpunkt empfand ich es so, dass etwas in meinem Leben fehlte, was aber ein entscheidender Schlüssel war/ist.

In dieser Situation damals rief ich nach Gott und Jesus änderte/veränderte mein Leben!

Ich glaube, dass viele Menschen an diesen Punkt (alles ist perfekt) gar nicht kommen (zu Lebzeiten), weshalb ich dieses Buch schreibe. Ich war mit meiner Zufriedenheit bei ca. 99,99 % angekommen (weltlich gesehen). Viele Menschen kommen dort gar nicht hin. Wenn du meinst, dass dies doch eine erstrebenswerte Zahl sei, so lass mir dir folgendes sagen: Probiere es nicht aus, dein Leben bis kurz vor deinem physischen Tod an dieser These auszurichten. Es könnte sein, dass du auf der obersten Sprosse der Leiter merkst, dass die Leiter am falschen Haus lehnt. Dafür ist unsere Lebenszeit hier auf der Erde zu wertvoll. Lerne von anderen Gläubigen und mir, die diese Erfahrung schon hinter sich haben.

Wer im Herzen denkt: „Ok, da könnte was dran sein, ich will die Wahrheit wissen", kann sich ggf. einen enormen Umweg ersparen und direkt die richtige Richtung einschlagen.

Ich persönlich kenne Menschen, die bereits über Jahrzehnte mit gesundheitlichen Problemen und Stress zu kämpfen haben. Und es liegt **nicht** an **fehlendem** Wissen aus diesem Bereich. Viele Laien sind sogar oft besser informiert als die Berater selbst. Aber das Wissen allein nutzt nichts, und bei vielen half auch die Kombination aus Wissen und Umsetzung nicht, die gewünschten positiven, anhaltenden Gesundheitszustände zu erreichen.

Wenn du dieses Buch in der Hand hältst, befinden wir uns gerade in der weltweiten Coronakrise. Ein unbekannter Virus hat es gerade erfolgreich geschafft, das gesamte

Weltgeschehen lahmzulegen. Für mich persönlich fühlt es sich wie ein Krieg an. Es ist für mich zwar nicht schlimm, allerdings sehe ich die enormen negativen Auswirkungen auf den psychischen/mentalen Bereich der Menschen. Auch bei Christen. **Wirklich wiedergeborene** Christen dagegen strahlen im Moment sehr viel Ruhe und Frieden aus.

In den sozialen Medien tauchen jetzt die ersten Ratgeber auf, wie man z.B. mit Einsamkeit oder sozialem Kontaktverbot gut umgehen kann, ohne dabei psychisch krank zu werden. Die Welt schläft nicht. Aber keiner kann es mit Gott aufnehmen, das wäre einfach lächerlich.

Diese Krise sehe ich als Chance für Gottes Reich und die Wahrheiten der Bibel! Mögen viele Menschen jetzt erkennen, dass ihre psychologischen Sitzungen und Entspannungskurse nicht die Ruhe und den Frieden brachten, den sie sich gewünscht haben. In einer Krise zeigt sich die Frucht dessen, was man gepflanzt hat. Ich hoffe, dass viele der Wahrheit eine Chance geben und umkehren.

Was ich damit sagen will ist, dass alle diese Menschen, die **ich** kenne, bereits alles zur Verfügung hatten, um ein Leben zu leben, welches ihnen diese psychische Widerstandsfähigkeit (Resilienz) garantieren würde. Trotzdem funktionierte es nicht. Was macht also die Welt? Sie schafft einen neuen Begriff: Resilienz! In der Hoffnung, dass es jetzt besser wird! Man streicht Stressmanagement und stempelt Resilienz darauf. Vielleicht bringt das alte Produkt mit neuem Namen bessere Frucht hervor.

Da muss man sich wirklich fragen, wie hat sich der Mensch verdummen lassen, dass er nicht merkt, dass man aus einem **NICHT** funktionierendem System eine Kopie mit anderem Namen erstellt hat. Ich meine das nicht böse. Mich persönlich schockiert diese Tatsache! Ich glaube, dass der Begriff Resilienz heute ein moderner Begriff ist, auf den all die Menschen anspringen, die bereits vor vielen Jahren auf das Thema Stressmanagement, Copingstrategien für Burnout oder für Work-Life-Balance Seminare usw. angesprungen sind.

Mit anderen Worten: Durch einen neuen Begriff lässt sich das Problem **nicht** lösen! Die Menschen werden für dumm verkauft. Und was noch schlimmer ist: Viele Therapeuten bekommen ihr Leben selbst nicht in den Griff. Ich erinnere mich da an eines meiner Kinesiologie-Seminare. Dort war eine Psychotherapeutin mit anwesend, welche mit Hypnose arbeitete. Sie selbst war ein emotionales Wrack, hatte Selbstmordgedanken und Probleme wegen dem Tod ihres Vaters, den sie irgendwie nicht überwinden konnte. Aber: Sie hatte eine gut gehende Praxis. Ich habe mich davor immer gehütet und mir nicht immer Freunde gemacht. Es heißt: Klappern gehört zum Geschäft. Ich kann Menschen nur von dem erzählen, was ich erlebt und erfolgreich umgesetzt habe und was entsprechende Frucht gebracht hat. Doch bei vielen Menschen ist die Lüge irgendwann so groß, dass man das Gesicht verliert, wenn man sie fallen lässt.

In der Bibel sagt man:

An ihren Früchten werdet ihr sie erkennen.

Glaube mir, in meiner Zeit als Business-Coach im Gesundheitsbereich (mein Kundenstamm umfasste überwiegend Heiler, Coaches, Heilpraktiker, Heilpraktiker Psychotherapie und Menschen, die eine eigene Praxis eröffnen wollten), habe ich genügend Menschen aus diesem Bereich getroffen. Die Geschichten, die ich zu erzählen hätte, würdest du mir nicht glauben!

Das heißt nicht, dass es nicht auch Ausnahmen gibt. Ich bin überzeugt, dass es Ärzte gibt und ich schätze Ärzte wert, weil sie wertvolle Arbeit leisten. Gerade jetzt in Zeiten der Coronakrise brauchen viele Menschen ärztliche Unterstützung.

Wenn ich mich verletze, bin ich froh, wenn ein Arzt weiß, was er tut. In diesem Buch spreche ich aber von mentalen Aspekten: Geistig und geistlich.

Gott verheißt uns Gesundheit und wenn wir unser ganzes Denken und unseren Glauben darauf ausrichten, könnten Wunder geschehen...

Während viele Christen Ärzte wertschätzen, halten Ärzte den Glauben für Humbug. Jemand der glaubt, den sieht man als Bürger 2. Klasse oder gar als Dummkopf an. Lesen wir doch, was Gott dazu zu sagen hat (1. Korinther 1). Er sagt, dass er die Weisheit der Weisen zunichtemachen wird und was die Welt für Tiefsinn hält, das sieht er als baren Unsinn an. Ich bin ehrlich: Manche halten mich für abgedreht und verrückt, aber ich kann dir sagen: Ich bin gesund, habe Freude, habe Freunde, in meiner Familie ist Harmonie, mein Leben ist geordnet, ich habe einen Beruf, der mir Freude bereitet, ich kann gut schlafen, ich nehme keine Medikamente oder habe sonstige körperliche Beschwerden. Ich schreibe dies nicht, um anzugeben. Aber dass ein Arzt meinen Glauben als Spinnerei abtut, kann ich verstehen, durch mich verdient er kein Geld. Sie glauben, dass sie sehr intelligent sind, doch viele haben sich nicht einmal die Mühe gemacht, Gottes Intelligenz zu erforschen. Wenn man es auf den Punkt bringt, kann auch kein Evolutionstheoretiker endgültig beweisen, dass Gott nicht existiert. Am Ende ist es unentschieden und es bleib nur der Glaube. Und den haben Ärzte auch. Nämlich den Glauben, dass sie nicht an einen Gott glauben. Beweise haben sie nicht. Also jeder, der ein Verfechter der Evolutionstheorie ist, kann sich intensiv damit beschäftigen und wird irgendwann feststellen, dass es eine Lücke gibt, die man nicht schließen kann. Umgekehrt macht für Wissenschaftler, die Gott anerkannten, plötzlich ihre Arbeit Spaß, denn jetzt können sie Gotts Weisheit erforschen. Während allerdings ein neu geborener Christ in der Wahrheit einen Arzt anerkennt, weil er seine Arbeit zu schätzen weiß für diejenigen, die nicht an Gott glauben oder einen schwachen Glauben haben, räumen Ärzte dies (sicher nicht alle) nicht ein und halten sich für etwas Besseres.

Ich weiß, dass dieses Buch für einige Aufregung sorgen wird. Warum? Nun, wenn eine Sackgasse aufgedeckt und den Menschen ein anderer Weg aufgezeigt wird, als der, den scheinbar die meisten gehen, dann bedeutet dies, dass viele Menschen kein Geld mehr mit den Lügen, welche die Menschen nicht weiterbringen, ausgeben werden. So viele Menschen sind bereits seit Jahrzehnten (!) in psychologischer Behandlung, ohne anhaltenden/ nachhaltigen Erfolg. Gerade heute sprach ich mit einer Frau, welche 30 Jahre in der Esoterik/Persönlichkeitsentwicklung war. Sie hatte nur teilweise Ergebnisse, aber nie diesen tiefen Frieden, den sie nun durch den Glauben an Jesus und das vollendete Werk am Kreuz bekommen hat.

Ich denke es ist intelligent, sich zu fragen, was denn mit diesen Menschen geschehen ist, bei denen eine Depression oder Krankheit von einem Tag auf den anderen geheilt wurde.

Tatsächlich habe ich im Dezember 2018 gedacht, ich könnte in meinem alten Tätigkeitsbereich wieder Seminare geben. Namenschristen ermutigten mich, mit meinem Wissen aus diesem Bereich, an der Volkshochschule oder in Firmen Hilfestellung zu geben. Ja es war sogar so, dass mir im April 2019 eine Teilzeitarbeit im Bereich Gesundheitsmanagement angeboten wurde. Die Firma hatte Großes mit mir und meinem Wissen vor. Aber ich kann (auch wenn diese Dinge zum Teil funktionieren) dieses Wissen **nicht** mehr als die **ultimative** Lösung und Nr. 1. Empfehlung weitergeben. Denn ich wurde eines Besseren belehrt. Es gibt für mich nur noch einen Weg zur **ganzheitlichen** Heilung! Und dieser Weg geht **über** das Kreuz, Jesus und das Evangelium – **FREI** von religiösen Ritualen oder Praktiken oder Kirche/Gemeinden! Du und Gott allein mit Jesus, dem Retter und dem Heiligen Geist, dem Helfer. Ich sage nicht, dass bestimmte Techniken und Möglichkeiten nicht sinnvoll sind. Allerdings sollten sie (für einen Christen) nur in Ergänzung und als zweite Wahl fungieren. Du wirst in diesem Buch Wahrheiten lesen, die dir helfen können, die psychische Widerstandskraft zu entwickeln, die dir **definitiv** hilft, Krisen zu bewältigen. Ich würde mir von Herzen wünschen, wenn du (noch) kein (wiedergeborener) Christ bist, dass du dein Herz für die Wahrheit, die ich dir hier offenbaren möchte, öffnest. Ich kann dir garantieren, dass dieser Weg definitiv zu Gesundheit und Lebendigkeit führen kann. Aber du musst bereit sein, evtl. alles über Bord zu werfen, was du bisher über Krankheit und Gesundheit geglaubt zu haben scheinst.

Ich möchte hier die Anmerkung machen, dass ich keiner religiösen Richtung oder Sekte angehöre. Ich distanziere mich ausdrücklich hiervon. Jesus ist keine Religion! Jeder kann (für sich allein) – frei von Gemeinde oder Kirche – Jesus als seinen Retter annehmen und sich dem Wort Gottes widmen. Alles andere sind Lügen!

Drei wichtige Erkenntnisse/Wahrheiten, die mir in diesem Kapitel bewusst geworden sind:

1.

2.

3.

Platz für Deine Gedanken und Gebet:

Kapitel 3 – Ist Depression Gottes Wille?

Depressionen sind mittlerweile ein weitverbreiteter Zustand. Viele Millionen Menschen sind davon betroffen, in Deutschland fast 5,3 Millionen Menschen. Das ist definitiv kein Normalzustand! Depression trifft Christen sowie Nichtchristen.

Als ich im Jahr 2018 bekehrt wurde, ging ich naiverweise davon aus, dass alle Menschen, die Christen sind, **gesund, zuversichtlich, positiv** und **voller Kraft, Glauben, Vertrauen** und **Lebendigkeit** sowie **Lebensfreude** sind. Leider wurde ich enttäuscht. Eher das Gegenteil ist mir begegnet:

- Christen mit herabhängenden Mundwinkeln,
- gestresst,
- Krankheiten,
- Mangel (z.B. Finanzen),
- Diverse Abhängigkeiten von Substanzen, Arbeit oder Personen/Partnern,
- ohne Mut, rauszugehen und das Evangelium zu verkünden oder sich zum Glauben zu bekennen,
- Christen, die Angst vor dem Teufel haben, mich ermahnten vorsichtig zu sein, damit sich keine Dämonen an mich hängen und die dann scheinbar mich in Zusammenhang mit dem Teufel brachten, als ich Wahrheiten aussprach.

Meine erste Zeit als wiedergeborene Christin war nicht so einfach. Ich traf auf viel Religiösität, Gesetzlichkeit, Zeitgeist oder Traditionen.

Ich muss zugeben: Bis zum Zeitpunkt meiner Bekehrung hatte ich mir darüber wie Christen leben, keine wirklichen Gedanken gemacht. Ich bin zwar im Umfeld meiner Großeltern katholisch aufgewachsen, aber bis auf Tischgebet, sonntägliche Gottesdienstbesuche und Kinderwandern in der christlichen Kindergruppe, hatte ich mit dem christlichen Glauben nichts am Hut. Meine Eltern hatten bewusst auf die Kindstaufe verzichtet. Meine Mutter war katholisch aufgewachsen, mein Vater evangelisch und der Streit in der Familie über die richtige Religion veranlasste meine Eltern zu der Entscheidung, mich (sowie meine beiden Schwestern) **nicht** taufen zu lassen. Sie vertraten die Auffassung, dass wir Kinder (zu gegebener Zeit) selbst darüber entscheiden sollten, welcher Religionsrichtung wir angehören möchten.

An dieser Stelle muss ich den Hinweis geben, dass die Bibel und die Nachfolge Jesu **keine** Religion ist und **keine** Zugehörigkeit irgendwohin erfordert. Religionen sind der misslungene Versuch, das Wort Gottes den Menschen näherbringen. Ja du hast richtig gelesen, der misslungene Versuch. Ich bin davon überzeugt, wenn alle jene Menschen, welche negative Erfahrungen mit Religion gemacht haben (egal ob es sich hier um die Landeskirchen, der gängigen evangelischen und katholischen Religion, der Freikirchen und Gemeinden oder Sekten handelte), die **wirkliche** Wahrheit des Wortes Gottes von Gott **selbst** offenbart worden wäre, würden viel mehr Menschen an Gott glauben und die Verheißungen in ihrem Leben erfahren, die Gott für uns vorgesehen hat.

Ich habe persönlich erlebt, wie Menschen innerhalb von Minuten von Depression und Krankheit frei wurden. Dies ist keine Werbemaßnahme, um dich zum christlichen Glauben zu bewegen. Es ist eine Tatsache. Wenn es dich interessiert, kannst du über Google Zeugnisse von Menschen entdecken, welche durch die Kraft Gottes von Depression frei wurden.

Unterschiede und auch Fallen will ich in diesem Buch besprechen. Dieses Buch soll dir die Möglichkeit geben, anhand der Informationen, die ich dir gebe (aus Erfahrungen), selbst zu recherchieren und dich von der Wahrheit und Wahrhaftigkeit meiner Aussagen zu überzeugen. Du sollst nicht alles blind glauben, was ich in diesem Buch anspreche. Ich möchte dich aktiv auffordern, selbst nach der Wahrheit zu suchen. Suche nach Menschen, die von Depressionen und anderen Krankheiten geheilt wurden, **durch** das Wort Gottes. Du kannst zu diesen Menschen Kontakt aufnehmen; viele bieten an, ihre Geschichte persönlich zu erzählen. Sich von der Wahrheit und Wahrhaftigkeit dieser Zeugnisse zu überzeugen ist nur **ein** Weg, um an den Punkt zu kommen, dass das, was ich hier schreibe, die Wahrheit sein „**könnte**".

Die Frage dieses Kapitels lautet, ob Gott Depression für Menschen will. Egal, ob du an Gott, den allmächtigen Schöpfer des Himmels und der Erde glaubst oder nicht, scheint es dir im Moment nicht gut zu gehen, sonst hättest du dir wahrscheinlich dieses Buch nicht gekauft. Halten wir also den Istzustand fest, dass dein Leben im Moment in besseren Bahnen laufen **könnte**, als es das gerade tut. Es spielt also (erst einmal) keine Rolle, ob du an Gott glaubst oder nicht.

Die Welt, in der wir leben, bietet unterschiedliche Arten von Hilfestellung an. Du kannst (zum Teil über die Krankenkassen finanziert), Zeit-, Selbst- oder Stressmanagement-Seminare (oder neu: Resilienzseminare) besuchen oder dich zu Coaching- oder Therapiesitzungen bewegen, welche evtl. ebenfalls von der Krankenkasse bezuschusst werden können.

Die Welt bietet dir verschiedene Unterstützungsmaßnahmen an.

Die Frage ist: Kennst du Menschen, die **dauerhaft** und **anhaltend** von diesen (psychischen) Krankheiten geheilt **wurden** und die **heute** noch ein Leben in **Freude, Glück, Zufriedenheit**, tiefen inneren **Frieden** und **Lebendigkeit** leben und dabei auch noch ein entspanntes Zeitmanagement haben? Die nicht ständig von A nach B rennen, dieses oder jenes tun müssen, sondern das Leben auch **genießen** können? Dabei auch noch ausreichend **versorgt** sind?

Oder kennst du (wie ich sie kannte und noch kenne) Menschen, die sich seit Jahrzehnten Wissen aneignen, sich coachen oder therapieren lassen, aber dennoch in Gänsefüsschen voran zu kommen scheinen?

Ich kann behaupten, dass ich mehr Menschen in meiner Tätigkeit als Coach kennengelernt habe, die zum Teil über **Jahrzehnte** probierten, ihre Probleme in den Griff zu bekommen, als Menschen, die von sich aus tiefstem Herzen sagen konnten: **Ich bin angekommen, frei UND geheilt!**

Ich hatte ein sehr ruhiges, zufriedenes, erfülltes Leben als alleinerziehende Mama und meiner Berufung als Coach.

Ich verdiente ca. 5.300 Euro pro Coachingpaket, hatte flexible Arbeitszeiten, hatte Zeit, wohnte in einem alten Teil eines alten Schlosses auf 180 qm mit meiner Tochter (mit Blick über die Stadt), fuhr mein kleines Sportauto und war angekommen; mit einem **Hauch** von fehlendem Frieden und Freude. Ca. 0,01 % fehlten, **bis zu 100 % Vollkommenheit! Dieser scheinbar kleine Teil entscheidet aber über alles oder nichts.**

Der große König Salomo schreibt in seinem Buch Prediger, dass alles ein Haschen nach dem Wind ist, wenn man Gott nicht hat. Es lohnt sich, das Buch zu lesen, denn Salomo zeigt sehr schön auf, dass man alles im Leben haben kann aber ohne Gott wird man es nicht in der Art genießen können, dass man tiefen Frieden hat.

„»Vergeblich und vergänglich!«, pflegte der Lehrer zu sagen.»Vergeblich und vergänglich! Alles ist vergebliche Mühe.« Der Mensch müht und plagt sich sein Leben lang, und was hat er davon? Die Generationen kommen und gehen; und die Erde bleibt, wie sie ist. Die Sonne geht auf, sie geht unter und dann wieder von vorn, immer dasselbe. Jetzt weht der Wind von Norden, dann dreht er und weht von Süden, er dreht weiter und immer weiter, bis er wieder aus der alten Richtung kommt. Alle Flüsse fließen ins Meer, aber das Meer wird nicht voll. Das Wasser kehrt zu den Quellen zurück – und wieder fließt es ins Meer. Du bemühst dich, alles, was geschieht, in Worte zu fassen, aber es gelingt dir nicht. Denn mit dem Hören und Sehen kommst du nie an ein Ende. Doch im Grunde gibt es überhaupt nichts Neues unter der Sonne. Was gewesen ist, das wird wieder sein; was getan wurde, das wird wieder getan.»Sieh her«, sagen sie,»da ist

etwas Neues!« Unsinn! Es ist schon einmal da gewesen, lange bevor wir geboren wurden. Wir wissen nur nichts mehr von dem, was die Alten taten. Und was wir heute tun oder unsere Kinder morgen, wird auch bald vergessen sein."

Prediger 1, Verse 1-11

Ich denke, ich war an einem Punkt, an den viele Suchende nicht kommen. Ich war sehr zielstrebig und engagiert darin, mein eigenes Coachingprogramm auch durchzuziehen und vorzuleben.

Dann kam der Punkt, an dem ich persönlich nach Gott rief und mich fragte: Ob es ihn wirklich gibt und er noch eine Aufgabe für mich hat, für die es sich wirklich zu **leben** lohnt. Es stellte sich dieser tiefe Frieden nicht ein. Es genießen zu können, ist eine Gabe Gottes.

„Denn wenn Gott einem Menschen Reichtum und Güter gibt und lässt ihn davon essen und trinken und sein Teil nehmen und fröhlich sein bei seinem Mühen, so ist das eine Gottesgabe."

Prediger 5, Vers 18 (LUT)

Ich war als Coach an einem Punkt angelangt, an dem ich selbst fast verzweifelte, weil mir Ergebnisse (bei meinen Kunden) fehlten. Nicht, weil die **Methoden** falsch waren, sondern weil die **Menschen** einfach **nicht** umsetzten, was man ihnen sagte. Es war zum Teil frustrierend.

Am Ende sagte ich sogar wortwörtlich: „Es kann mir jemand 2000 Euro für 60 Minuten Coachingstunde bezahlen, ich höre mir dieses Gejammer nicht mehr länger an!"

Ich war es satt! Bei denen, die umsetzten was ich lehrte, war das Thema dagegen klar: Höher – Schneller – Weiter!

Anmerkung: Spannend ist zu sagen, dass mir das gleiche Problem begegnete, als ich den Vollzeitdienst ging und ich erinnerte mich dann, dass Jesus sich um die Menschen kümmerte, die eine Veränderung wirklich wollten und ihren Teil der Verantwortung mitbrachten.

Damals hatte ich dann ebenfalls kein Verständnis mehr. Auch heute muss ich sagen: Ich kann nicht tun, was nur Gott tun kann. Und jeder muss selbst diese Verantwortung übernehmen und innerlich aufstehen und die Veränderung wollen. Aber wer innerlich aufsteht, dem wird Gott helfen.

Heute weiß ich, dass bestimmte innere Haltungen maßgeblich für wirkliche, wahrhaftige Veränderungen sind. Aber auch diese können (nach meinem heutigen Wissen und meiner Erfahrung) **nicht** diesen tiefen inneren Frieden bringen, den Menschen suchen.

Will Gott Depressionen für dich?

Es gibt Christen (Namenschristen) die sich damit arrangiert haben, dass sie unter **geistigen** Erkrankungen leiden. Tatsächlich finden wir die **Geisteskrankheiten** bereits in der Bibel. Im **5. Buch Mose, Kapitel 28 ab dem Vers 15** können wir die Flüche lesen, die auf der gesamten Menschheit lasten. Von Anbeginn der Zeit, die nach dem Sündenfall auf diese Erde hereinbrach. Wir sind alle auf irgendeine Art und Weise damit infiziert.

Im **Vers 28** liest du, dass Gott uns strafen wird, mit **Wahnsinn**, Blindheit, **Geistesverwirrung**, so dass wir am hellen Tag umhertappen wie Blinde. Nichts mehr wird uns glücken und wir werden unterdrückt und ausgebeutet werden und niemand wird uns beistehen.

Du wirst vielleicht sagen: „Das sind harte Worte! Gott will also, dass ich krank bin? Weil ich nicht gehorsam war?"

In der Tat könnte man meinen, wenn man das **5. Buch Mose 28, ab dem Vers 15** liest, dass Gott wirklich viel Schlechtes für uns will. Aber genau hier hat Religion ihre Finger im Spiel. Religion hat dem Menschen beigebracht, dass Gott all dies für den Menschen will und die Folge von Ungehorsam darstellt.

Muss man sich da erst einmal wundern, dass Menschen **nicht** zu Gott umkehren? Wieso soll ich zu einem Gott umkehren, der all diese bösen Dinge für mich möchte?

Wenn wir im **5. Buch Mose 28** lesen, so lesen wir dort von Missgeschick, Unglück, Verwirrung, Pest, Schwindsucht, Entzündungen, Fieber, Geschwüren, Beulen, Ausschlag, Krätze, Wahnsinn, Blindheit, Geistesverwirrung. Aber es gibt eine Lösung für den Fluch, d.h. es ist nicht biblisch, krank zu sein, und sehr biblisch, gesund zu sein. Der Punkt ist der, dass z.B. Juden (die ja gläubig sind) nicht an Jesus glauben. Sie glauben nicht an denjenigen, der in allem so gehorsam war, dass er den Segen verdient hat, als Einziger. Weil er aber für uns starb, können wir den Segen haben. Lass das mal sacken. In Therapien und Coaching bringt man den Menschen Glaube bei, dass man ihnen sagt, sie sollen positives Denken und Glauben. Sie sagen, wenn man das macht, kann das Gehirn das entsprechend umsetzen. Sie glauben an Placebos, aber wenn man an das vollbrachte Werk am Kreuz glaubt, das nur Gutes beinhaltet, ist man in den Augen der Menschen verrückt.

Ich persönlich kann sehr gut verstehen, dass Menschen nichts mit Gott zu tun haben wollen. Religion und Tradition hat es erfolgreich geschafft, den Menschen ein falsches Bild von Gott zu vermitteln. Auch heute noch gibt es Christen, die glauben, dass Gott all dies für sie möchte. Ich hoffe, ich kann dir in diesem Buch aufzeigen (belegt mit vielen Bibelstellen), dass dies eine Lüge ist. Wenn du dich bisher von Religion ferngehalten hast, dann vielleicht deshalb, weil irgendetwas in dir sagt bzw. dir zeigt, dass **dort** etwas nicht stimmt und damit hast du vollkommen recht.

Wahrscheinlich hörtest du auf diesen kleinen Impuls von Gott, der dir zeigte, dass du mit Religion auf dem Holzweg bist. Es ist tatsächlich so, dass ich heute eher ungläubige Menschen zur Wahrheit führen kann als religiöse (oder gesetzliche) Menschen, deren Kopf voller Lügen über Gott ist. Sie gehen oft mit einer Selbstverständlichkeit und festem Glauben davon aus, dass sie die Wahrheit in sich tragen. Aber allein die Tatsache, dass so viele Christen unter Depressionen, Burnout, Angstzuständen und sonstigen Krankheiten (z.B. Rückenprobleme, Allergien, Unverträglichkeiten, chron. Erkrankungen...) leiden (ja, sie sogar tolerieren und akzeptieren) zeigt mir, dass es wichtig war, dass ich dieses Buch schreibe. Das, was Gott dazu sagt, muss offenbar werden. Die Erkenntnis über die Wahrheit setzt uns frei und macht uns heil. Alle Schrift ist von Gott eingegeben (**2. Timotheus 3, Vers 16**).

Jesus sprach in **Johannes 8, ab dem Vers 31** über Sklaverei und Freiheit. Ich denke, wir sind uns einig, dass unter einer Krankheit zu leiden (egal welche) eher einer Sklaverei gleichkommt als der Freiheit.

Jesus, der für das Wort Gottes steht, sagte uns, dass er gekommen ist, um die Gefangenen zu befreien. Gefangen ist man, wenn man an die negativen Dinge im Leben gebunden ist und keine Freiheit wahrnehmen kann.

„Jesus sagte zu den Juden, die zum Glauben an ihn gekommen waren: „Wenn ihr bei dem bleibt, was ich euch gesagt habe, und euer Leben darauf gründet, seid ihr wirklich meine Jünger. Dann werdet ihr die Wahrheit erkennen und die Wahrheit wird euch freimachen."

Johannes 8, Verse 31-32

Wir sehen also, dass die **Wahrheit** uns frei macht/befreit. Die Wahrheit bringt uns in die **Freiheit**.

Aber was ist denn nun die Wahrheit? Will Gott Depression für mich?

Nein, das will er nicht! Und ich möchte dir dies auch an verschiedenen Bibelstellen aufzeigen. Krankheit (körperlich wie geistig) ist eine **Folge** von Sünde und damit des **Fluches,** der auf den Menschen liegt. Im Neuen Testament kannst du lesen, dass Gott Jesus in die Schöpfung schickte, um den Menschen zu zeigen, wie Gott ist und wie er denkt und um die kompletten Folgen des Fluches auf sich zu nehmen, damit die Menschen **frei** werden können. Das ist das Evangelium, die gute Nachricht. Die Menschen sollten durch Jesus erkennen, wie Gott wirklich ist! Es ist ein **Angebot** Gottes für die

Menschen. Alle Menschen leben unter dem Fluch. Alle Menschen hätten den Tod verdient (**Römer 3, Vers 23**). Aber Gott hat eine Möglichkeit geschaffen, frei davon zu werden.

„Jesus sagte: „Wenn ihr mich kennt, werdet ihr auch meinen Vater kennen. Schon jetzt kennt ihr ihn und habt ihn gesehen."

Johannes 14, Vers 7

Das bedeutet, um zu wissen, wie Gott wahrhaftig ist, und was er für die Menschen will, müssen wir uns Jesus als Person anschauen. Wenn du willst, lese eines der vier Evangelien (Matthäus, Markus, Lukas, Johannes) oder schaue dir auf unserem YouTube Kanal (Follow Jesus – Claudia Hofmann Ministries) in der Playlist einen Film zu den vier Evangelien an. Allein die Tatsache, dass Jesus so viele Menschen geheilt hat, zeigt uns, dass **Gesundheit** Gottes **Wille** ist. Und zwar für jeden einzelnen Menschen.

Schauen wir uns ein paar Bibelstellen zu Heilung und damit Gottes Willen an:

„Als aber Jesus das hörte, antwortete er ihm: Fürchte dich nicht; glaube nur, so wird sie gesund!"

Lukas 8, Vers 50 – LUT

„Er heilt, die zerbrochenen Herzens sind, und verbindet ihre Wunden."

Psalm 147, Vers 3

"Fürwahr, er hat unsere Krankheit getragen und unsere Schmerzen auf sich geladen; wir aber hielten ihn für bestraft, von Gott geschlagen und niedergebeugt. Doch er wurde um unserer Übertretungen willen durchbohrt, wegen unserer Missetaten zerschlagen; die Strafe lag auf ihm, damit wir Frieden hätten, und durch seine Wunden sind wir geheilt worden"

Jesaja 53, Vers 4+5 – Schlachter 2000

"Euch aber, die ihr meinen Namen fürchtet, soll aufgehen die Sonne der Gerechtigkeit und Heil unter ihren Flügeln. Und ihr sollt herausgehen und springen wie die Mastkälber."

Maleachi 3, Vers 20 – LUT

"Als das Jesus hörte, sprach er: Nicht die Starken bedürfen des Arztes, sondern die Kranken."

Matthäus 9, Vers 12 – LUT

*"Der HERR macht die Blinden sehend.
Der HERR richtet auf, die niedergeschlagen sind.
Der HERR liebt die Gerechten."*

Psalm 146, Vers 8 – LUT

„Wenn jemand eine Sünde getan hat, die des Todes würdig ist und wird getötet und du hängst ihn an ein Holz, so soll sein Leichnam nicht über Nacht an dem Holz bleiben, sondern du sollst ihn am selbigen Tage begraben, denn ein Aufgehängter ist verflucht bei Gott. Auf das du dein Land nicht unrein machst, dass dir der Herr dein Gott zum Erben gibt."

5. Mose 21, Verse 22-23 – LUT

Jemand, der am Kreuz aufgehängt ist, ist verflucht von Gott. Fassen wir das, was ich dir in diesem Kapitel gesagt habe kurz zusammen:

- Krankheiten sind die **Folge** von Sünde und somit ein **Fluch** auf den Menschen.
- Jesus ging am Ende ans **Kreuz**, was ein Zeichen für den **Vollzug** des Fluches ist. Denn wer verflucht ist, wer gesündigt hat, ist zum Tode verurteilt. Aber Jesus hat keine Sünde begangen, er war rein. Er trug den Vollzug für uns, damit wir frei sein können, durch seinen Namen.

„Christus hat uns vom Fluch des Gesetzes freigekauft, indem er für uns zum Fluch geworden ist; denn es steht geschrieben: Verflucht ist jeder, der am Holz hängt. Jesus Christus hat uns freigekauft, damit den Völkern durch ihn der Segen Abrahams zuteilwird und wir so durch den Glauben den verheißenen Geist empfangen."

Galater 3, Vers 13 - LUT

Ich möchte dir diese Bibelstelle, die hier in Lutherdeutsch geschrieben ist, aus der „Gute Nachricht Bibel" zitieren:

„Christus hat uns von dem Fluch losgekauft, unter den uns das Gesetz gestellt hatte. Denn er hat an unserer Stelle den Fluch auf sich genommen. Es heißt ja in den Heiligen Schriften, wer am Holz hängt, ist von Gott verflucht. So sollte durch Jesus Christus der Segen, der Abraham zugesagt wurde zu allen Völkern kommen, damit wir alle durch vertrauenden Glauben, den Geist erhalten, den Gott versprochen hat."

Fazit: Für alle, die Jesus annehmen, gilt: Der Fluch wurde für dich getragen!

Folge: Keine Krankheit, keine Schmerzen für dich, wenn du das annehmen und **glauben** kannst!

Wer ist der Geist?

Der Heilige Geist ist der Geist Gottes. Der Geist der Wahrheit, von dem religiöse Richtungen zwar sprechen, denn sie behaupten, ihn zu haben, der aber sehr oft (incl. all seiner guten Gaben die er mit sich bringt), vollkommen verleugnet und nicht gelebt wird!

Durch den Geist Gottes erhalten alle Gläubige **Autorität und Vollmacht** über **alles** Schlechte, also auch über Krankheit und Schmerzen.

Jesus empfing nach seiner Taufe den Heiligen Geist (**Matthäus 3, Vers 16**). Jesus war völlig frei von **allen** negativen Dingen, incl. Krankheit und Schmerzen; er war frei von Sünde und war so ein reines Lamm, dass er für uns (von Gott) geopfert werden konnte, damit **wir seinen** Status vor Gott bekommen können.

Der Heilige Geist ist die **Anzahlung** auf unser zukünftiges Erbe (**Epheser 1, Vers 14**). Sicher, wir sind nicht perfekt, wir schaffen es nicht so gut wie Jesus (und dies werden wir auch nie!), aber jeder, der den Heiligen Geist hat und in dieser Autorität wandelt, hat wirklich schon Wunder sehen können. Der erste Schritt ist, aufzuhören zu glauben, was du evtl. bisher vom Reich Gottes und Heilung zu glauben geglaubt hast.

Ich könnte noch viel mehr Bibelstellen aufführen, doch dieses Buch soll nur ein erster Eindruck dessen sein, was Gott für dich bereitgestellt hat. Die Bibel wird durchzogen von einem roten Faden. Vom Alten zum Neuen Testament.

Krankheit ist die Folge von Sünde, Folge des Fluches der Menschheit, die durch den Sündenfall von Adam und Eva in die Welt gekommen ist. Unsere Welt ist eine gefallene Welt. Jesus hat **für uns** den Fluch getragen. Er, der frei war von jeglicher Sünde, ging für uns in den Tod, damit **wir** vom Fluch **frei** werden können. Jesus wurde zum Fluch (**Galater 3, Vers 11**).

Ok, vielleicht denkst du jetzt, ich sei völlig verrückt geworden. Vielleicht ist dir das alles zu abstrakt. Dann werfe das Buch weg. Besser jedoch, du legst es neben hin, damit du, wenn du an einem Punkt in deinem Leben bist, wo nichts mehr wirklich zu helfen scheint, es wieder in die Hand nehmen kannst, um in Betracht zu ziehen, dass hier eine Wahrheit liegen könnte, die du evtl. bisher noch nicht geglaubt hast. Gott wollte, dass alle Menschen frei werden von den Folgen der Sünde, sprich, (auch) frei werden von Krankheit. Das Wörtchen auch deshalb, weil das Erlösungswerk Jesu noch viel mehr beinhaltet. Es gibt also (durch Gottes Erlösungswerk) für uns Menschen (die Gerechten), **keine** Geisteskrankheiten mehr. Wir sollten uns sie nicht einreden lassen und uns stattdessen – im Glauben und Vertrauen – auf Gott berufen. Doch das fällt vielen (auch Christen) schwer.

Wer sind die „Gerechten", von denen gesprochen wird?

Alle diejenigen, die an Jesus als ihren Retter glauben, an das Evangelium der Gnade glauben und diese Botschaft im Glauben und Vertrauen annehmen. Falls du Lust hast, lese doch dazu in der Bibel den **Römerbrief**.

Gott hat in seiner Gnade zu uns Menschen alles bereitgestellt. Wir müssen uns ihm - mit Glauben - nähern und in Empfang nehmen, was er uns schenken will.

Gott **hat** sein Wort bisher - und **wird** er auch nie - brechen. Gott ist **treu** und er hält sich an seine **Versprechen**. Er hat den Menschen einen Weg bereitet, dass sie frei werden können von all den belasteten Dingen, die hier in der gefallenen Welt auf sie einprasseln. Was dies genau bedeutet, werden wir uns in diesem Buch noch näher anschauen. Du solltest wissen und annehmen, dass Gott für **niemanden** Krankheit (egal ob Depression oder irgendeine andere Krankheit), vorgesehen hat. Gottes Wille für uns **ist Gesundheit** und alles **Gute**, auf allen Ebenen unseres Lebens. Der Tod war die Folge der Sünde. Jesus hat den Fluch der Sünde getragen. Es ist vollbracht! Wir müssen es annehmen und glauben!

Ich möchte dir einige Bibelstellen aufschreiben, die dir zeigen, was Gottes Wille (in Bezug auf Gesundheit) für uns bedeutet.

„Mein lieber Gajus, ich wünsche, dass es dir in jeder Hinsicht gut geht und dass dein Körper so gesund ist, wie deine Seele."

3. Johannes 1, Vers 2

„Ein frohes Herz tut dem Körper wohl. Ein zerschlagener Geist trocknet ihn aus."

Sprüche 17, Vers 22

„Unsere Sünden hat er ans Kreuz hinaufgetragen, mit seinem ganzen Leib. Damit sind wir für die Sünden tot und können nun für das Gute leben. Durch seine Wunden seid ihr geheilt worden!"

1. Petrus 2, 24

Hast du das gelesen? Geheilt **worden**!

Es ist vollbracht, wie Jesus es bereits am Kreuz gesagt hat.

Die Bibel lehrt uns, dass wir voller Freude und Lob sein sollen.

Lese: Philipper 4, Vers 4; Römer 15, Vers 11

Gott hat für uns vorgesehen, dass wir voller Freude unser Leben mit ihm in Gemeinschaft leben und genießen.

Nicht, wie es Nonnen und Mönche tun, das ist eine Irrlehre. Nein, weil der **lebendige Geist** Gottes in uns lebt.

„Wisst ihr nicht, dass euer Leib ein Tempel des Heiligen Geistes ist, der in euch wohnt? Gott hat euch seinen Geist gegeben und ihr gehört nicht mehr euch selbst."

1. Korinther 6, Vers 19

Ich weiß, vielleicht kannst du dir im Moment nicht vorstellen, wie dies funktionieren soll. Ich hoffe, dass dieses Buch dir vielleicht noch nicht in Betracht gezogene Wahrheiten vermitteln kann, die dich von deinen Erkrankungen, egal ob körperlicher oder geistiger Art, freisetzen.

Gott verspricht uns, dass wir alles überwinden können, durch ihn, der uns freigekauft hat, Jesus Christus.

Und wenn Gott **alles** sagt, dann **meint** er auch alles.

Jesus zeigte uns sein ganzes Leben hier auf der Erde, dass es Gottes Wille **war**, **ist** und immer sein **wird**, dass Menschen gesund sind bzw. Kranke gesund werden. Alles andere, was unter Umständen in religiöse Richtungen gelehrt wird, z. B., dass Gott uns Krankheit schickt, um uns zu demütigen oder dass Gott uns damit etwas zeigen will, dass wir es als Geschenk annehmen sollen usw., sind Lügen. So etwas wirst du im Neuen Testament nicht finden und hat Jesus auch nie gesagt. Nicht ein einziges Mal sagte Jesus zu jemanden: „Och weißt du, du hast die Krankheit, weil du sonst so stolz wärst, Gott demütigt dich damit" oder „Nein, jetzt habe ich keine Lust dich zu heilen" oder „Nein, du hast Heilung nicht verdient". So etwas ist nicht biblisch! Es gibt eine Stelle, wo von Paulus' Dorn im Fleisch gesprochen wird. Das ist aber ein ganz anderer Zusammenhang. Es geht darum, dass Gott zulässt, dass der Feind uns prüfen und ärgern kann, damit wir uns auf ihn besinnen und nicht überheblich und stolz werden. Aber die Krankheit kommt nicht von Gott. Er schickt uns Prüfungen aber mit jeder Prüfung hat er schon den Ausgang geschaffen.

Wenn du mich fragst, sind diese Argumente, welche oft von Christen kommen, lediglich Gründe, die angeführt werden, weil jemand aufgehört hat an Heilung zu glauben. Sie glauben nicht, dass sie selbst einen gewissen **Einfluss** auf ihre Heilung haben. Sie ziehen nicht in Betracht, dass sie im Unglauben stehen oder Zweifel haben. Doch gerade Unglaube und Zweifel verhindert Heilung. Und wenn keine Heilung geschieht, denken die Menschen, Gott wolle sie nicht heilen. Was ist unser Part dabei? Glaube! Glaube, frei von Zweifel.

Manche haben Enttäuschungen erlitten und anstatt sich einzugestehen, dass man selbst das Problem sein könnte (ja, wir können z.b. falsch beten), schieben sie die Schuld auf Gott und stellen ihn als einen Gott dar, der uns nicht helfen will, obwohl er es könnte.

Bitte glaube diese Lügen nicht! Falls du eine Bibel zuhause hast möchte ich dich ermutigen, **Johannes 10** zu lesen. Du kannst dort lesen, dass der Dieb nur kommt, um die Schafe zu stehlen, zu schlachten und ins Verderben zu stürzen. Jesus aber ist gekommen, um uns das Leben zu geben, ein Leben im Überfluss. Hierzu zählt auch – neben anderen Verheißungen - Gesundheit.

Weiterhin liest du in **Vers 14**, dass Jesus sagt:

„Ich bin der gute Hirte. Ich kenne meine Schafe und sie kennen mich, wie der Vater mich kennt und ich ihn kenne. Ich bin bereit für sie zu sterben."

Jesus ist der gute Hirt und er möchte nicht, dass es uns schlecht geht. Aus diesem Grund ist er für uns am Kreuz gestorben. Am Kreuz wurden **alle** Krankheiten getragen. Ein wiedergeborener Christ kann sich daher in Bezug auf seine Heilung **immer** auf den Tausch am Kreuz berufen und der Krankheit **Widerstand** leisten. Das Blut Jesu hat für uns alle Krankheit ausgelöscht. Kannst du das glauben? Es braucht jedoch einen **reinen** Glauben. Es braucht keinen großen Glauben aber einen reinen Glauben, der frei von Zweifel und Unglaube ist! Wenn wir einen Glauben haben wie ein Senfkorn, so sagt Jesus, könnten wir einen Berg ins Meer stürzen lassen. Jesus wäre nie für eine Krankheit anfällig gewesen. Er trug den Heiligen Geist in sich, ebenso wie wir. Nur wandeln wir – im Gegensatz zu ihm – in Zweifel und Unglaube, weshalb sich Krankheit manifestieren kann.

Der Glaube ist so wichtig, weshalb ich in allen meinen Büchern immer wieder darauf Bezug nehme. Unser ganzer Dienst ist darauf aufgebaut, falsche Gedanken und Gefühle aufzudecken, die Wahrheit im Wort zu erkennen und ein festes Fundament im Glauben (auf Jesus Christus und das, was er getan hat!) aufzubauen. So kannst du fest und sicher im Glauben und Vertrauen stehen, auch wenn es einmal schwierig oder herausfordernd wird, was jeden von uns trifft.

Du kannst im Alten Testament lesen:

> *„In Wahrheit aber hat er die Krankheiten auf sich genommen, die für uns bestimmt waren und die Schmerzen erlitten, die wir verdient hatten. Wir meinten, Gott habe ihn gestraft und geschlagen, doch wegen unserer Schuld wurde er gequält und wegen unseres Ungehorsams geschlagen. Die Strafe für unsere Schuld traf ihn und wir sind gerettet. Er wurde verwundet und wir sind heil geworden. Wir alle waren wie Schafe, die sich verlaufen haben, jeder ging seinen eigenen Weg, ihm aber hat der Herr unsere ganze Schuld aufgeladen."*
>
> Jesaja 53, ab Vers 3

Du siehst, die/deine Krankheit (oder was dich sonst in deinem Leben beschäftigt), ist **nicht** Gottes Wille. Aber es geht nicht darum, dass Gott eingreift, sondern dass du **ergreifst** (im Glauben), was Gott dir bereits durch Jesus zur Verfügung gestellt hat.

Drei wichtige Erkenntnisse/Wahrheiten, die mir in diesem Kapitel bewusst geworden sind:

1.

2.

3.

Platz für Deine Gedanken und Gebet:

Kapitel 4 – Lebendigkeit kommt von Leben

Ich glaube wir sind uns einig, dass alle negativen Gefühle und Verhaltensweisen, die mit geistigen, aber auch körperlichen Erkrankungen einhergehen, wenig mit Leben, Lebendigkeit oder Lebensfreude zu tun haben.

Fehlende Lebendigkeit ist nicht nur ein Problem von Nichtchristen, sondern auch ein Problem von vielen Namenschristen. Diese Tatsache, die ich persönlich wirklich schlimm finde! Denn: Wenn Christen authentisch einen Glauben leben würden, der dem entspricht, was Gott ihnen versprochen hat, statt heuchlerisch einen Glauben vorzugaukeln, der nicht der Wahrheit entspricht, würden mehr Menschen sich fragen, was an Christen (positiv) anders ist. Aber da dies nicht der Fall ist, wird der Normalmensch nie auf die Idee kommen, dass Gott bzw. Jesus als der Retter die Lösung für das eigene Problem sein könnte…

Gerade aktuell leidet die ganze Welt unter dem „gefährlichen" Coronavirus. In der Presse wurde der Glaube bereits ordentlich auseinandergenommen. So wurde von gläubigen Juden berichtet, die an Corona erkrankten oder von katholischen Pastoren, die sich nicht trauen, einen Erkrankten anzufassen. Ich finde das schlimm! Anmerken möchte ich hierzu nur kurz, dass z.B. die Juden, welche immer noch jammernd an der Klagemauer stehen, **nicht** an Jesus als unseren Retter und Erlöser glauben. Sie **warten immer noch** auf den Messias. Also können wir sie als Vergleich **nicht** heranziehen. Um wirklich wissen zu können, wie ein gläubiger Christ denkt, welcher erkrankt ist, müssten wir sie interviewen. Nicht in jedem Christen steckt ein erlöster/ wiedergeborener Christ, der sich auf die Wahrheit beruft (in Autorität und Glaube) und ihn auch praktisch lebt.

Ich weiß, diese Worte klingen hart und nicht jeder will sie hören. Doch denke darüber einmal nach. Ich möchte dich nicht ärgern. Aber die Wahrheit ist nicht immer nett, doch sie kann uns voranbringen, wenn wir das wollen!

Ich besuchte einmal einen Gottesdienst und erschrak, weil keinerlei Lebendigkeit und Heiliger Geist zu spüren war. Ich sagte damals zu einem Bruder: „Diese Gemeinde ist tot." Noch während des Gottesdienstes betete ich inständig, der Herr möge dieser Gemeinde zeigen, was es bedeutet im Heiligen Geist zu leben/zu wandeln. Ca. 30 Minuten später forderte mich der Heilige Geist auf, vor dieser Gemeinde ein paar Worte zu sprechen. Was dann passierte, ist ein Zeugnis für sich. Ich nahm damals allen Mut zusammen und tat, was der Geist Gottes mir auftrug (obwohl ich innerlich fast gestorben bin). Eine Person aus dieser Gemeinde sagte später: „Dein Glaube ist wirklich beachtlich" und wollte ein Gespräch mit mir. Leider kam es nie dazu. Es ist zu beobachten, dass Menschen sich vom Geist Gottes angezogen fühlen, aber dann, wenn es darum geht, der Wahrheit ins Gesicht zu schauen, sie sich zurückziehen. Es könnte Veränderung vor der Tür stehen, die sich scheuen. Willst du verändert werden?

Ein Leben ohne Lebendigkeit und Lebensfreude ist nicht das Leben, das Gott sich für uns wünscht und für uns vorgesehen hat.

Gott hat den Menschen nach seinem (Gottes!) Ebenbild geschaffen, um mit ihm Gemeinschaft zu haben. Glaubst du wirklich, dass es Gott Freude bereitet, wenn er zusehen muss, wie die Menschen zu nichts in der Lage sind, sie nicht in seiner Herrlichkeit leben, die er ihnen bereitgestellt hat? Sie nicht mit der Kraft aus seinem Geist heraus ihr Leben meistern und Herausforderungen gut durchleben? Oder nicht umsetzen, was ihn verherrlichen würde?

Wäre ich Gott, würde mich das echt traurig machen. Dennoch liebt Gott die Menschen so sehr und er wünscht sich nichts sehnlicher, als dass die Menschen zu ihm umkehren und ihn erkennen.

Lebendigkeit ist meines Erachtens eines der Merkmale, eines wirklich und wahrhaftig wiedergeborenen Christen, der in der Wahrheit lebt. Vollständigkeitshalber muss ich jedoch darauf hinweisen, dass es Gemeinden gibt, die eine **verdrehte** Vorstellung von Lebendigkeit haben und leben.

Es gibt zum Teil junge Gemeinden, die in einer Art Franchisesystem aufgebaut worden sind oder große Churches, die international tätig sind, deren Veranstaltungen mehr an einen Gig oder Musikevent erinnern als an einen vernunftgemäßen Gottesdienst, in dem Gott und Jesus Christus (sowie dem Evangelium) die Ehre gegeben werden. Stattdessen findet man dort erhebliche Anteile von Persönlichkeitsentwicklung, Esoterik und Psychologie, welche mehr die **Persönlichkeit** stärken als den Glauben an Jesus Christus und Gott. Ich möchte noch einmal ausdrücklich darauf hinweisen, dass Claudia Hofmann Ministries e.V. sich ausdrücklich von

Religion/Theologie oder Sekten, wie z.B. Zeugen Jehovas oder radikale Christen abgrenzt. Uns geht es darum, das Evangelium zu verkünden und Menschen von der Wahrheit zu berichten. Jeder ist aufgerufen, sich selbst (z.B. eigenständig im Bibelstudium) um seinen Glauben zu kümmern. Die Beiträge/Bücher usw. sollen an verstaubten Gedanken rütteln und dich zum Nachdenken bringen, so dass du deine Anliegen im Gebet vor Gott bringen kannst.

Wenn ich in diesem Buch von Lebendigkeit spreche, dann meine ich jene Lebendigkeit, die uns durch das Opfer Jesu zu Teil geworden ist. Es ist eine Form von Lebendigkeit, die einfach **da** ist und nicht durch Events oder Predigten **hervorgerufen** wird. Sonst wäre es die gleiche Lebendigkeit, welcher die Menschen der Welt nachjagen. Die wahrhaftige Lebendigkeit ist einfach **da**, weil wir mit Jesus **verbunden** sind. Ein Frieden, den die Welt nicht geben kann. Wir müssen ihn im Glauben erfassen und annehmen! Ergreifen, was Gott uns in seiner Güte schon geschenkt hat!

Die falsche Form von Lebendigkeit wird heute durch Seminare, Coaches oder Therapeuten vermittelt. Suche dir etwas, was dir guttut und dir ein gutes Gefühl gibt, tue dies, denn es ist die Wahrheit. So wird draußen in der Welt, für die Welt, Werbung gemacht und die Kassen klingeln.

Das bedeutet jedoch, dass das gute Gefühl von einer veränderten Verhaltensweise abhängt, bzw. einer Sache, einer Vision usw. Die Lebendigkeit wird aus eigener Kraft **produziert** und ist **nicht** einfach da.

Wenn wir dagegen im Geist Gottes wandeln, **haben** wir diese Lebendigkeit, es sei denn, wir lassen sie uns stehlen. Diese Lebendigkeit ist ein Teil von uns geworden, durch Jesus. Zusammen mit einigen anderen Früchten, die Gott uns durch und mit seinem Geist **geschenkt** hat. Dazu gehören z.B. auch Liebe, Frieden, Geduld oder Selbstbeherrschung (**Galater 5, Verse 22+23**). Gott hat uns diese **guten** Gaben zu **100 %** bereits zur Verfügung gestellt. Das **lebendige** Wort Gottes lässt in uns ein Quell lebendigen Wassers entspringen. Wir werden nie mehr dürsten, so sagt es Jesus. Aber der Feind will uns das Wort und damit die Wahrheit stehlen!

„Denn das Wort ist lebendig und wirksam und schärfer als jedes zweischneidige Schwert, und es dringt durch, bis es scheidet sowohl Seele als auch Geist, sowohl Mark als auch Bein und es ist ein Richter der Gedanken und Gesinnungen des Herzens."

Hebräer 4, Vers 12 – Schl. 2000

Dieser Vers hört sich vielleicht brutal an, aber wenn hier von Gericht gesprochen wird, dann bedeutet das in Bezug auf Krankheit, das (wenn sie aufgedeckt wird) über sie Gericht gehalten wird. Sie hat schon verloren und als gläubige Christen nehmen wir unsere Autorität in Anspruch und sprechen diese Wahrheit aus, glauben sie, frei von Zweifel und halten an dieser Wahrheit fest, bis es sich im Realen zeigt. Die Krankheit ist schon vor 2000 Jahren am Kreuz gerichtet worden! Durch den Tod Jesu!

Das Wort Gottes wird dir aufdecken, dass das, was in deinem Leben ist, **nicht** die Wahrheit ist. Wenn du die heilende Kraft Gottes für dein Leben in Anspruch nehmen möchtest, ist Voraussetzung, dass du Jesus Christus als denjenigen annimmst, der für dich bezahlt hat. Er hat dir deine Krankheit abgenommen. Wenn du diese Wahrheit glaubst und vertraust, ohne Zweifel daran festhältst, muss die Krankheit gehen. Aber: Du kannst dir die Heilung nicht verdienen. Du musst sie dir von Gott schenken lassen.

„Mein Wort brennt wie Feuer, es ist wie ein Hammer der Felsen zerschlägt."

Jeremia 23, Vers 29

Das Wort Gottes ist wie ein Hammer, welcher deine Krankheit, deine Depression, deinen Mangel, Streit, Spaltungen usw. wie einen Felsen zerschlägt. Wenn du dies zulässt. Jesus hat alles besiegt!

Unter dem Wort Gottes muss alles Schlechte aus deinem Leben verschwinden. Ist dies nicht eine gute Nachricht? Stell dir vor, was für ein Leben du leben könntest, wenn du deinen Problemen und täglichen Herausforderungen, die sich jedem von uns stellen (Christen und Nichtchristen), mit der Kraft Gottes (die er dir schenken will) begegnen könntest. Du müsstest das alles nicht mehr allein tragen. Gott möchte so viel für dich erledigen und will, dass wir in seine Ruhe eingehen. Es heißt nicht, dass es keine Herausforderungen mehr geben wird, mit diesen haben wir alle zu kämpfen (gerade, wenn du in deinen persönlichen Dienst für das Reich Gottes eintrittst), aber wir haben eine andere Kraft als Menschen aus der Welt. In diesem Kapitel, in dem es um Leben und Lebendigkeit geht, möchte ich über die Macht der Worte sprechen. Ich kann dieses Thema hier nur kurz anreißen, denn es ist so groß, dass es ein eigenes Buch füllen wird. In **Johannes 1, Vers 14-16**, liest du:

„Er, das Wort wurde Mensch. Ein wirklicher Mensch von Fleisch und Blut lebte unter uns und wir sahen seine Macht und Hoheit. Die göttliche Hoheit, die ihm der Vater gegeben hat, ihm seinen einzigen Sohn, Gottes ganze Güte und Treue ist uns in ihm begegnet."

Also ER (Gott), das Wort (Das Wort war bei Gott), wurde Mensch (Jesus). In **Johannes 1, Vers 1** liest du:

„Am Anfang war das Wort und das Wort war bei Gott und in allem war es Gott gleich."

Sowohl bei der Schaffung der Erde als auch in den Evangelien, die über Jesus berichten, sehen wir, dass das gesprochene Wort eine Kraft auf unser Leben hat.

Auch hier finde ich spannend, wie die Psychologie einen Teil dieser Wahrheit aufgegriffen hat und den Menschen vermittelt, wie wichtig das gesprochene Wort ist. Noch wichtiger wäre, zu erkennen, dass DAS WORT die Kraft hat, dich in allen deinen Bereichen des Lebens gesund zu machen und wiederherzustellen.

In **Sprüche 18, Vers 21** kannst du lesen, dass Tod und Leben in der **Gewalt** der Zunge stehen. Wenn du die beiden Pole Tod und Leben gegenüberstellst, stehen sie für das Endresultat unserer gesprochenen Worte.

Krankheit und Negatives wachsen stetig an, bis am Ende der Tod steht.

Gesundheit und Positives wächst stetig an, hin zum **Leben** und zur **Lebendigkeit**.

Beides hat als Ursprungsvoraussetzung ein Samenkorn des Wortes, welches wir nähren.

Ich möchte dir dies gerne in einem kurzen Satz verdeutlichen: Eine Depression war nicht von Anfang an eine (große) Depression, sondern startete mit einem kleinen „Depressiönchen". Eine Angst war nicht von Anfang an eine Angst, sondern startete mit kleinen negativen Gedanken, z.b. ersten unguten Gefühlen, die sich dann ständig und stetig steigerten, bis hin zu einer ausgewachsenen Angst.

Angst ist nie von Gott!

Ständig und permanent um das Problem drehende Gedanken sorgen für eine (Ver)Stärkung des Problems, welches in letzter Konsequenz den Tod (viele Menschen leben zwar aber sind eher tot als lebendig) zur Folge hat. Vielleicht hört sich das jetzt für dich zu radikal an. Aber: Viele Menschen, die unter Burnout oder Depressionen litten, sind recht früh gestorben. Überhaupt ist zu beobachten, dass viele Menschen bereits in ihren besten Jahren, z.B. zwischen 30-50 Jahre, sterben.

Kannst du dir vorstellen, dass Tod und Leben in der Gewalt der Zunge stehen? Worte sind ausgesprochene Gedanken, welche ein Problem verstärken oder eindämmen.

Oft beginnt dieser Prozess mit den Worten über das Problem und später über eine Diagnose.

Werden allerdings Gedanken, die zum Leben und zur Lebendigkeit hinzielen, ausgesprochen, verstärken sie den Weg zur Gesundheit.

Jetzt könntest du sagen: „Claudia, das kann ich glauben, aber ich glaube nicht, dass dies mit dem christlichen Glauben zu tun hat, sondern die Kraft meiner eigenen Gedanken ist."

Nun, es steht dir frei zu denken und zu glauben was du möchtest. Aus meiner Erfahrung heraus kann ich dir sagen, dass ich **nie** wirklich mit großen Krankheiten zu kämpfen hatte. Ich litt in meiner jungen Erwachsenenzeit unter einer Essstörung, aber als ich anfing, mich mit Psychologie und Persönlichkeitsentwicklung zu beschäftigen, entwickelte ich starke Gedanken und einen starken Glauben in Bezug auf meine Selbstheilungskräfte (was eine IRRLEHRE ist, damals glaubte ich noch nicht an Jesus) und ich war davon überzeugt, dass dies der Grund für meine Kraft und Vitalität sowie Gesundheit war. Viele lehren dies auch so. Abschließend kann ich dies nicht widerlegen. Aber was ich bezeugen kann ist die Tatsache, dass ich trotz Gesundheit, Wohlergehen und allem Segen noch **nicht** in diesem tiefen inneren Frieden ruhte, den ich jetzt im Glauben kennengelernt habe. Ich war immer noch bestrebt, größere und bessere Ziele zu erreichen. Meine Entwicklung schien nie zu enden. Wo ich einen

Erfolg ausmachte, wollte ich direkt das nächste Ziel und den nächsten Erfolg. Deshalb kann ich heute diese Variante nicht mehr glauben.

Ich bin davon überzeugt, wenn du glaubst, dass du durch die Kraft deiner Gedanken oder positives Denken gesund werden kannst, dass du das auch werden kannst. Gott wird niemandem Gesundheit verwehren, weil er einen anderen Weg als den Glauben an ihn eingeschlagen hat. Er ist Gott und er will das Gute für uns. Alles Gute kommt von ihm. Er wird die Gesundheit nicht verwehren. Was Gott aber viel wichtiger als deine Gesundheit ist, dass du in die Ewigkeit gerettet wirst. Ich war vor meiner Zeit mit Jesus auch schon mit Gesundheit gesegnet, weil ich daran glaubte. Aber heute weiß ich, dass es mir nicht den tiefen Frieden und die Erlösung und das ewige Leben gebracht hat. Sagen wir es mal so, ich bin über die Gesundheit hinaus weitergegangen. Es wäre erbärmlich, wenn wir nur für dieses Leben Gutes hoffen. Es gibt so viel mehr für Kinder Gottes.

Heute ist es so, dass ich mich geistlich weiterentwickele, viele Themen ähnlich sind, jedoch fühlen wir uns **auf** dem Weg bereits **angekommen**. Auch viele Christen streben noch etwas hinterher, und sind suchend. Sie sind noch nicht angekommen. Ich hoffe, dass dieses Buch dabei hilft, das zu ändern.

Es ist ein enormer Unterschied. Vorher waren es **meine** Gedanken und **meine** Kraft, die für Veränderung sorgten, jetzt sind es **Gottes** Gedanken und **Gottes** Kraft, die **durch** mich wirken.

In der Bibel weist uns Gott an, die richtigen Dinge zu tun. Damit meint er nicht, die zehn Gebote zu halten, wie das Religion vermittelt.

Während in der Welt in Coaching- und Therapiemethoden wie z.B. Byron Katie (Die vier Erfolgsfragen), Steve de Shazer (Lösungsorientierte Kurztherapie), gewaltfreie Kommunikation usw. die Macht der Worte ausgeübt wird, beruft sich ein lebendiger Christ auf die **Wahrheit** des vollständigen Wortes Gottes und **eliminiert** alle Gedanken und Gefühle (Sinneserneuerung), die **nicht** im Einklang mit dem Wort Gottes stehen. So kann sich das Wort Gottes und seine Wahrheit in seinem Leben manifestieren.

Worte haben **Macht**! Alles ist aus dem Wort entstanden. Am Anfang war das Wort, **Johannes 1, Vers 1**. Wenn wir das Wort Gottes „aussprechen", dann wirkt es aktiv in unserem Leben.

In **Epheser 6, Vers 10** lesen wir:

> *„Noch ein letztes Wort. Werdet stark durch die Verbindung mit dem Herrn. Lasst euch stärken von seiner Kraft. Legt die Waffen an, die Gott euch gibt. Dann können euch die Schliche des Teufels nichts anhaben."*

Und weiter im **Vers 17**:

> *„Die Gewissheit eurer Rettung sei euer Helm und das Wort Gottes das Schwert, das der Geist euch gibt."*

Wir können mit dem Wort Gottes die Gedanken von Krankheit und Depression mit dem zweischneidigen Schwert eliminieren. Dabei sollen wir zu **jederzeit beten** und **Gott** bitten, in der **Kraft** seines Geistes. Jesus sprach am Kreuz die Worte:

Es ist vollbracht.

Johannes 19, Vers 30

Durch den Tod Jesu hat Gott dich von deiner Depression **befreit**. Die Frage ist also nicht, Gott zu bitten, dass er dich gesund macht (wie viele Namenschristen dies tun), sondern dir die Wahrheit des Wortes Gottes zu eigen zu machen und zu glauben, dass du bereits, durch das Werk Jesu, geheilt **bist**.

Ich kann dir versichern, wenn du anfängst die Wahrheit zu erkennen und mit der Macht der Worte (im Glauben) in dein Leben zu **sprechen**, wird die Wahrheit (das Wort) anfangen dich freizusetzen, weil du glaubst. Dein Leben wird immer lebendiger werden. Gott **will** Leben und Lebendigkeit für dich. Glaube seinen Worten und ergreife die Wahrheit. Es gibt einen schönen Spruch: Man kann ein Kamel zum Wasser führen, trinken muss es selbst.

Ich kann dir die Wahrheit anbieten, glauben musst du selbst. Diesen Teil kann dir niemand abnehmen. Auf dem YouTube-Kanal „ERF – Mensch Gott" kannst du nach Zeugnissen/Erfahrungen/Erlebnisberichten schauen. Es gibt bereits sehr viele Menschen, die von den verschiedensten Krankheiten (auch Depression) geheilt wurden. Warum nicht einmal in Betracht ziehen, dass eine Wahrheit vorhanden ist, die du bisher nicht glauben konntest? Was hast du zu verlieren? Im nächsten Kapitel werde ich dir von meinem Leben und meiner psychischen Erkrankung Zeugnis geben. Ich werde dir berichten, wie es mir erging und wie ich **Verbesserung** in der **Welt**, aber **tiefgehende Heilung** im Wort Gottes gefunden habe.

Drei wichtige Erkenntnisse/Wahrheiten, die mir in diesem Kapitel bewusst geworden sind:

1.

2.

3.

Platz für Deine Gedanken und Gebet:

Kapitel 5 – Mein Zeugnis Heilung von psychischer Erkrankung

In diesem Kapitel möchte ich dir gerne Einblick in meine Geschichte und meinen Weg/Verlauf einer psychischen Erkrankung bis hin zur Heilung geben. Möge dir dieses Kapitel helfen, die **Unterschiede** zwischen weltlichen Heilmethoden und der Heilung durch die Wahrheit des Wortes Gottes zu erkennen.

Meine Kindheit verlief nicht sehr positiv. Als ich 9 Jahre alt war starb meine Mutter an Brustkrebs. Sie erkrankte im Alter von 32 Jahren und starb kurz nach der Geburt meiner kleinen Schwester im Alter von 35 Jahren. Mein Vater erzählte zu späteren Zeitpunkten, ich hätte als Kind tagelang am Fenster gestanden und nicht gesprochen. Ich selbst kann mich daran nicht mehr erinnern. Das Einzige, woran ich mich erinnern kann sind verschiedene Ausflüge nach Heidelberg ins Klinikum, in welchem meine Mutter untergebracht war und Chemotherapie erhielt. An letzte Ausflüge, als sie kaum noch laufen konnte und an den Moment, als sie mich nach einer Chemotherapie zu sich rief und mir sagte, dass sie sterben wird.

Als Kind konnte ich das nicht verstehen. Dann erinnere ich mich nur noch an den Moment, als mein Vater mir an einem Morgen in den Ferien sagte (und ich erinnere mich noch an das grüne Bett, auf dem wir saßen), dass meine Mutter gestorben sei. Und dann stand er auf und ging weg.

In Folge wurde ich eher ein rebellisches, wütendes und trotziges Kind. Ich hatte immer den Eindruck, dass niemand mich versteht. Bis zum jungen Erwachsenenalter hatte ich ständig unter den familiären Konflikten unserer katholischen und evangelischen Seite zu leiden. Diese ständigen Kämpfe.

Mein Vater verkraftete den Tod meiner Mutter nicht, wurde Alkoholiker und ein Sozialfall. Heute weiß ich, dass er durch das Wort Gottes und die Wahrheit hätte geheilt werden können. Wenn er sie in sein Herz gelassen hätte. Aber wahrscheinlich war bei ihm der Zugang, wie bei vielen Menschen, durch die religiösen Prägungen und Lügen versperrt.

Er fiel 2004 mit nur 63 Jahren tot um, einsam, allein, verlassen in seiner kleinen Wohnung. Dennoch hoffe ich, dass er im letzten Moment Jesus begegnete und es doch noch geschafft hat und ich ihn eines Tages im ewigen Leben wiedersehe.

Ich sehe heute die Verbindung von Gott zu den Menschen wie ein Rohr, welches verstopft ist. Dadurch kann die **Kraft** Gottes, die **Vergebung**, die **Gnade**, die **Liebe**, die **Treue**, der **Frieden** nicht zu den Menschen durchfließen.

Knapp 20 Jahre nach dem Tod meiner Mutter erlag mein Vater den Folgen des Alkohols.

Einige Jahre nach dem Tod meiner Mutter prägte mich eine neue Lebensgefährtin meines Vaters stark in die Richtung **Aussehen und Anerkennung**. Ein Götzendienst (Aussehen, Schönheit, Model, Figur, Anti-Aging...) der heute sehr verbreitet ist. Dank des Corona-Virus wurde dieser Götzendienst mit all seinen Network-Systemen mal ein wenig erschüttert. Ich wünsche den Menschen das Beste und glaube, dass jeder jetzt die Möglichkeit hat, die wahre Quelle für seine Versorgung und Gesundheit kennen zu lernen.

Die damalige Freundin meines Vaters nahm mich nicht an, wie ich war. Sie fand ich sei zu burschikos, zu dick und was sonst noch alles dazu gehörte. Ich lernte „richtig" laufen (was ich mit einem Buch auf dem Kopf trainierte. Um kleine Schritte zu erlernen, musste ich Gehwegplatten zählen). Diät halten schien ebenfalls wichtig zu sein, so beobachtete ich es bei ihr.

Bis zu diesem Zeitpunkt hatte ich keinerlei Probleme mit meinem äußeren Erscheinungsbild oder meinem Körpergewicht. Aufgrund dieser Erfahrungen fing ich an, meine **Anerkennung** über gutes Aussehen zu definieren. Getoppt wurde das Ganze, als meine erste große Liebe im Teenageralter sich von heute auf morgen von mir trennte. Ich weiß noch genau, was der Grund war, als wäre es gestern gewesen: Es war banal, was ich damals als sehr ungerecht empfand. Ich saß in der Schule neben diesem Jungen und hatte einen Bleistift in der Hand. Ich hielt ihn knapp neben seiner Nase und sagte zu ihm: „Guck mal.". Als er sich umdrehte, piekste ich ihn mit dem Bleistift in den Nasenflügel. Er war so sauer, dass er mit mir Schluss machte. Für mich war es ein Scherz, den ich nicht gemacht hätte, hätte ich um die Folgen gewusst.

Das verstärkt ein mir das Gefühl, dass Ungerechtigkeit zu negativen Gefühlen führt, für die es kaum ein Ausweg zu geben scheint, denn wer rückt die Ungerechtigkeit zurecht? Heute weiß ich es: JESUS!

Weißt du, dass die überwiegende Anzahl (wenn nicht sogar alle) meiner damaligen Kunden ein Problem mit Ungerechtigkeiten hatten? Sie konnten es schwer ertragen, wenn andere Menschen ungerecht behandelt wurden oder sie selbst Ungerechtigkeit erfuhren. Heute ist es für mich klar! Jeder Mensch sucht die Gerechtigkeit Gottes. Jeder möchte **vor Gott** als gerecht bestehen. Wie in vielen anderen Religionen probieren auch Christen sich ihre Gerechtigkeit selbst zu erkaufen. Doch um die Selbstgerechtigkeit geht es nicht. Es geht um Gottes Gerechtigkeit.

Es gibt viel Rebellion in den Menschen, welche auf **vermeintliche** Ungerechtigkeiten Gottes zurückzuführen ist. Hier liegen so viele Lügen und falsche Gedanken bzw. ein falsches Verständnis von Gott! Man muss Gott kennen lernen, die Bibel studieren. Wer das tut, wird die Liebe in der Gerechtigkeit Gottes erkennen. Außerdem wird jeder, der die Wahrheit über Gott wirklich wissen will, diese Gerechtigkeit und Liebe kennen lernen. Leider haben Religion und Theologie vieles verdreht, weshalb die Menschen Lügen glauben. Der einzige Weg ist, sich selbst an Gott zu wenden und (ohne Rücksicht auf eigene Gefühle) die Wahrheit wissen zu wollen. Für mich brach damals eine Welt zusammen. Ich fing **zusätzlich** an, meine Anerkennung über **Leistung** (Schulnoten) und **Anpassung** (richtiges Verhalten) zu bekommen. Somit waren es schon drei Abhängigkeiten: **Leistung**, **Aussehen** (Körper/Gewicht) sowie **Anpassung** an Menschen (um niemanden zu verärgern), die mein Leben bestimmten. Wunderbare Götzendienste wurden damals geboren! Meine Großmutter hatte selten ein gutes Wort für mich übrig. Gewöhnlich waren die Begrüßungssätze: „Hallo Claudia, oh du hast aber ganz schön zugenommen." Oder: „Hallo Claudia, oh du hast abgenommen?"

Heute weiß ich, dass dies bereits die **Eingangstüren** und die Fallen für den Teufel darstellten.

Leider leiden auch heute noch viele Christen unter diesen Themen, sie sind in Götzendiensten gefangen und merken es nicht. Was Götzendienst genau ist, habe ich in einem Online-Seminar auf meinem YouTube-Kanal erklärt. Du findest auf dem YouTube-Kanal auch eine Videoreihe, wo wir über verschiedene Süchte sprechen, die Christen gebunden und den Segen fernhalten.

Viel mehr Christen könnten in den Verheißungen Gottes wandeln, wenn sie der Wahrheit, die sie kennen gelernt haben, glauben und vertrauen würden. Ich hoffe, dieses Buch kann Menschen helfen.

Aufgrund fehlender Anerkennung von Menschen fiel ich immer wieder in Trauer um meine Mutter. Irgendwie vermisste ich sie einfach. Sie war unter all den Familienangehörigen diejenige (zusammen mit meinem Opa) die mich **annahmen**, wie ich war. Aber sie war nun nicht mehr da und auch mein Opa, meine zweite große Stütze, starb, als ich 19 war.

Danach war ich permanent allein unter ständiger Missgunst und Kritik in der Familie. Ich fing mit 19 Jahren an, exzessiv Sport zu treiben, was mein Körper nicht so gut verkraftete, weil ich nur wenig aß. Zu den schlimmsten Zeiten wog ich ca. 43 Kilo bei einer Körpergröße von 1,63 m.

Als mich nach einem Sturz (Rippe geprellt) ein Arzt darauf hinwies, dass ich sterben würde, wenn ich nicht anfing zu essen, stürzte ich mich in exzessive Essgelage. Dadurch nahm ich an Gewicht zu und verstrickte mich zuerst in eine Mager- und dann in eine Ess-Brech-Sucht (Bulimie). Ich wanderte von einer Hand des Teufels (Sucht) in die andere. Wenn ich das heute hier schreibe, könnte ich laut „Halleluja" rufen, dass Gott mich nie im Stich gelassen hat. Er hörte nie auf, nach mir zu rufen. Ich hätte mir einige Umwege sparen können, wenn ich mein Herz für die Wahrheit geöffnet hätte. Aber Gott macht aus allem etwas Gutes. So kann ich heute all die Erfahrungen mit euch teilen und Menschen helfen, die Wahrheit zu erkennen, die sie frei macht.

Die Essstörungen zogen sich einige Jahre hin, bis ich mich einer Freundin anvertraute, die aufgrund eigener, familiärer Probleme bei einer Psychotherapeutin in Behandlung war.

Anmerkung:

Durch diese Person machte mir der Feind später noch bewusst, wie sehr ich in einem finanziellen Mangel lebte und welch ein (scheinbar tolles) Leben Menschen führen, die genug Geld haben. Diese Frau, die damals meine Freundin wurde, war finanziell gut gestellt, sie hatten einen Pool im Haus, sie fuhr ein schickes Auto und ihre Eltern kauften ihr zum Studium eine Eigentumswohnung. Ich stolperte von Verführung zu Verführung. Heute beneide ich diese Menschen nicht mehr, denn ihnen fehlt Jesus und der tiefe innere Frieden, den nur er geben kann. Das habe ich erkennen können, als ich im Coaching mit einigen gutgestellten Menschen gearbeitet habe. Mittlerweile sehe ich, wie so viele in Götzendiensten gefangen sind und bete für sie, damit sie Heilung und Rettung erfahren. Diese Person gab mir damals den Kontakt ihrer Psychotherapeutin weiter und ich dachte, dass es vielleicht an der Zeit wäre, mein Kindheitstrauma vom Tod meiner Mutter in einer tiefenpsychologischen Psychotherapie aufzuarbeiten. Schließlich muss das doch alles eine Ursache haben, dachte ich! Wie man das eben in der „Welt" so hört... Die Psychotherapeutin war zudem auch noch eine Fachärztin im Bereich Essstörungen, so dass ich mir hier Heilung erhoffte.

Heute sehe ich diese Maßnahme als ersten entscheidenden **Fehler** im Laufe meiner körperlichen, geistigen und geistlichen Entwicklung an. Hier habe ich mich (rückblickend) auf den Irrweg begeben, weil ich Heilung meiner Essstörung bekam. Ja, du hast richtig gelesen. Ich wurde davon geheilt, dennoch war dies nicht die Lösung für mein Problem, sondern nur das Löschen eines Brandes an der Oberfläche. Ich war von der Essstörung geheilt, aber hatte immer noch keine Rettung und den tiefen inneren Frieden bringen.

Ich suchte zum damaligen Zeitpunkt in der Psychotherapie die Lösung für die Heilung des psychischen Problems, ohne in Betracht zu ziehen, dass Gottes Wort die Lösung für mich sein könnte. Gegenstand und scheinbarer Grund für mein Problem war die fehlende Zugehörigkeit. Alles drehte sich darum, dass ich mich zu meiner Familie nicht zugehörig fühlte. Ich suchte Annahme und Liebe. **Gott will, dass wir wieder zu ihm gehören.** Hätte ich das damals erkannt, hätte ich nicht Jahrzehnte Umweg gehen müssen. Interessanterweise muss ich heute (rückblickend) erkennen, dass Gott mich bereits zu jener Zeit rief. Es gab viele Momente (die ich heute sehen kann) in denen ich hätte nach der Wahrheit fragen können. Es gibt viele Bibelstellen, die zeigen, wenn du Gott aus tiefstem Herzen wirklich aufrichtig suchst, wird er dir antworten und sich dir offenbaren.

Diese sind:

„Wende dich an mich und ich werde dir antworten. Ich werde dir große Dinge zeigen, von denen du nichts weißt und nichts wissen kannst."

Jeremia 33, Vers 3

„Bist du in Not, so rufe mich um Hilfe. Ich werde dir helfen und du wirst mich preisen."

Psalm 50, Vers 15

„Wenn es aber unter euch welche gibt die nicht wissen, was sie in einem bestimmten Fall tun müssen, sollen sie Gott um Weisheit bitten, und Gott wird sie ihnen geben. Denn er gibt sie allen gerne, ohne ihnen Vorwürfe zu machen."

Jakobus 1, Vers 5

„Bittet und ihr werdet bekommen! Sucht und ihr werdet finden! Klopft an und es wird euch geöffnet. Denn wer bittet, der bekommt; wer sucht, der findet; und wer anklopft, dem wird geöffnet. Wer von euch würde seinem Kind einen Stein geben, wenn es um Brot bittet? Oder eine Schlange, wenn es um Fisch bittet? So schlecht ihr auch seid, ihr wisst doch was euren Kindern guttut und gebt es ihnen. Wieviel mehr wird euer Vater im Himmel denen Gutes tun, die ihn darum bitten."

Matthäus 7, Vers 7

Tatsächlich kann ich heute sehen, dass Gott mir mehrere Möglichkeiten in meinem Leben gab, nach ihm zu rufen und er hätte mir die Tür geöffnet. Zu diesem Zeitpunkt, bevor ich den Weg zur Psychotherapeutin einschlug, gab es mehrere Situationen dieser Art.

So prägte mich zum Beispiel der Film Schindlers Liste, wo es um die Verfolgung und Vernichtung der Juden geht. Ich hätte an diesem Punkt näher nach dem jüdischen Volk fragen können und wäre dabei unweigerlich auf die Geschichte von Jesus und damit dem Evangelium gestoßen.

Außerdem sah ich zum damaligen Zeitpunkt bereits Filme über Jesus und war jedes Mal tief berührt. Im Jahr 2004 erschien der Film Passion Christi und auch dort hätte ich bereits zu Gott umkehren können.

Dann lag einmal in einem Hotel eine kleine Bibel mit dem Neuen Testament auf dem Nachttisch. Erst letztes Jahr beim Umzug fand ich diese kleine Bibel und musste schmunzeln. Denn ich erkannte, dass Gott mich bereits mehrmals probiert hat auf den richtigen Weg zu bringen. Damals nahm ich wohl die Bibel mit, schaute aber nicht hinein!

Es ist wie mit einem Navigationssystem: Man schlägt den falschen Weg ein, aber Gott wird auf diesem Weg nie aufhören, dir Hinweise zu schicken, aufgrund derer du nach ihm rufen kannst. Er hat neben Plan A auch noch Plan B, C, D... für dich parat. Er wird nicht aufhören dich zu rufen, damit du noch rechtzeitig die Möglichkeit zur Umkehr hast. Denn Gott möchte, dass alle Menschen gerettet werden. Er will, dass du die gute Nachricht vom Frieden mit Gott hörst und **ein** Teil des Evangeliums, neben vielen anderen Teilen, wie Rettung, Versorgung usw., ist Gesundheit.

Heute kann ich sagen: Halleluja, preis den Herrn! Ich bin einfach so unendlich dankbar für das, was mir im Sommer 2018 widerfahren ist.

Damals hatte ich dann **endlich** (Gott hat wahrscheinlich vor Freude gejubelt!) die entscheidende Frage gestellt. Meine Gedanken zogen in Betracht, dass es noch mehr geben muss, was ich bisher noch nicht kennen gelernt hatte. Etwas, was weitaus erfüllender ist, als das, was ich bisher kennengelernt hatte.

Doch zurück zu meinem Leben und meinem Zeugnis. Ich war bei dieser Psychotherapeutin in Therapie und nahm dort mein Leben auseinander. Das Hauptthema, über das wir sprachen, war meine aktive Essstörung und wie bereits erwähnt, drehten sich die Gespräche hauptsächlich um die Probleme in meiner Familie. Ich glaube heute, dass es egal ist, unter welcher psychischen Erkrankung jemand leidet. Meistens sind es gleiche oder ähnliche Themen im Leben der Menschen. Doch was Zeugnisse gemeinsam haben: Jesus heilte tief und anhaltend!

Mein Gefühl, was auch der Realität entsprach, war, dass mich niemand in der Familie (scheinbar) hat haben wollen und mich ablehnte, weil ich einfach **anders** war.

Wenn heute in der Jüngerschaft ein Mensch zu mir kommt, der Probleme mit der Familie hat und geplagt wird von Einsamkeit, einem Gefühl von fehlender Zugehörigkeit, so sage ich ihm, was dazu im Wort Gottes steht. Es ist nämlich **nur oberflächlich** die Suche nach

Liebe, Anerkennung und Zugehörigkeit **zu** - und **von** - Menschen. Um was es geht, ist die Tatsache, dass der Mensch (seit dem Sündenfall) von Gott getrennt ist.

"Rings um Jesus saßen die Menschen dicht gedrängt. Sie gaben die Nachricht an ihn weiter: „Deine Mutter und deine Brüder stehen draußen und fragen nach dir!" Jesus antwortete: „Wer sind meine Mutter und meine Brüder?" Er sah auf die Leute, die um ihn herumsaßen, und sagte: „Das hier sind meine Mutter und meine Brüder!"

Markus 3, Vers 33-34

Gott möchte **Gemeinschaft** mit dem/den Menschen haben. Er will, dass wir zu ihm gehören. Er liebt uns und will, dass wir es schön finden, zu ihm zu gehören und nicht, dass es eine Last darstellt, wie es manche Christen darstellen. Ich habe damit ein Problem. Sie gehen selbst nicht auf dem rechten Weg und halten andere noch davon fern. Eine Zugehörigkeit zum Reich Gottes, als seine Kinder, ist das Beste, was uns passieren kann!

"Denn Gott ist treu, durch welchen ihr berufen seid zur Gemeinschaft seines Sohnes Jesus Christus, unseres Herrn."

1. Korinther 1, Vers 9

Gott möchte, dass Menschen zu ihm umkehren und gerettet werden, aus den Fängen des Bösen, zu dem nun einmal **alle** negativen Gefühle, Krankheiten, Depression und jede andere Form von körperlicher Beschwerde zählen. Er will uns seine Liebe geben, so, wie er es bereits von Anfang an für die Menschen wollte.

Wir sprachen in der Therapie überwiegend über die Familie und mein Gefühl, dass ich mich ausgeschlossen fühlte. Ich hatte immer das Gefühl, nicht dazuzugehören oder die Nr. 2 zu sein.

Wenn ich heute darüber nachdenke, erkenne ich die Tücken dieser **weltlichen** Lehren. Sie arbeiten um das Problem drumherum. Nicht selten sind Menschen schon seit 10, 20 oder 30 Jahren in der Psychologie regelrecht gefangen.

Heute weiß ich, dass Gott mich mit seinem Wort viel schneller geheilt hätte. Er wäre mit mir an den Kern des Problems gegangen. **Die Trennung von ihm! Meine Trennung von Gott! Die Lösung: Umkehren! Einheit mit Gott! Und zwar über Jesus Christus, den einzigen Weg, der zum Vater führt.**

Ich weiß, dass manche Menschen anmerken: „Viele Wege führen zum Ziel." Aber das ist ein Irrglaube. Es gibt so viele Zeugnisse von Menschen, die auf dem Weg waren, Gott zu begegnen. Ihr Leben zeigte nicht die Frucht, von der Gott spricht. Sie kamen/kommen nicht wirklich an. Sie lebten in und für die Welt und leiden/litten unter den Problemen der Welt. Es gibt nur einen Weg in die Freiheit.

Auch wenn du das noch nicht annehmen willst oder nicht glauben kannst, ziehe vielleicht in Betracht, dass etwas daran stimmen könnte.

Ich wurde durch die Therapie zwar von der Essstörung geheilt, sodass ich mit dem Thema Essen, Körper, Gewicht, Aussehen usw. keine Probleme mehr hatte, aber meinen tiefen inneren Frieden hatte ich trotz der oberflächlichen, offensichtlichen Heilung der psychischen Störung **nicht** erhalten. Ich war frei von der psychischen Störung (schulmedizinisch), aber das Problem hatte sich lediglich verlagert. Ich ging danach in ein neues Suchtverhalten, indem ich mich unbedingt selbst verwirklichen wollte. Ein neues Fass ohne Boden! Ich danke und preise den Herrn, dass er mich hieraus befreit und endlich nach Hause geholt hat. Wo ich dazu gehöre und in Liebe angenommen bin. Ich fühle dieses Zuhause bis in jede Zelle meines Körpers. Es ist mein Zeugnis und ich lüge nicht. Nie mehr werde ich dies einlösen wollen! Keiner kann mir dieses Gefühl nehmen, das Gott mir geschenkt hat.

So eine tiefgehende Heilung kann nur Gott vollbringen! So war es bei mir, aber auch bei vielen Menschen, die irgendwann einmal einen Therapeuten aufsuchten und heute zu Jesus gefunden haben.

Ich entwickelte damals in meiner Therapie den Gedanken, selbst in diesem Bereich tätig werden zu wollen und so war der Weg für die ersten Seminare geebnet, die später in einer Tätigkeit als Coach und Trainer endeten.

Über die Jahre des Coachdaseins entwickelte ich mich persönlich immer weiter und baute ein starkes

Selbstbewusstsein, Selbstwertgefühl, Selbstvertrauen und eine Ich-bezogene Form von Selbstliebe auf. Dadurch erreichte ich beruflich sehr viel. Wobei ich heute nicht mehr behaupten kann, dass dies alles auf meiner eigenen Leistung beruhte. Manchmal habe ich den Eindruck, dass ich damals (trotz allem) unter Gottes Segen stand, denn andere konnten diesen Erfolg nicht verzeichnen. Vermutlich stand ich damals schon unter Gottes Schutz, weil er wusste, dass mein Herz es ehrlich meinte.

Als ich an einem Punkt war, wo ich all das hatte, was ich mir so wünschte, heute sage ich, dass ich bei ca. 99,99 % Zufriedenheit war, stellte ich eine alles und entscheidende Frage:

„Lieber Gott, wenn das hier ALLES ist, was das Leben für mich bereithält, dann bin ich jetzt hier fertig. Ich habe alles erreicht was ich wollte. Wenn es das jetzt war, kannst du mich holen."

Anmerkung:

Ich muss immer dazu anmerken, dass dieses: „Dann kannst du mich holen!" nicht von Selbstmordgedanken begleitet war. Es war ein Gefühl von: „Was gibt es hier noch, was ich noch nicht erlebt habe und mir diesen letzten Hauch von Sehnsuchtsgefühl stillen kann." Während bei Menschen, die unter Selbstmordgedanken leiden eher das Gefühl vorrangig ist, dass sie keine Freude in diesem Leben haben, war dies bei mir nicht der Fall. Ich hatte Freude; ich hatte Freunde; ich war gesund; ich lebte ein Leben, was ich mir immer gewünscht hatte. Dennoch fehlte das **Salz** in der Suppe. Ein Hauch von Gefühl, das verursacht hätte, dass ich in diesem **tiefen** inneren Frieden gelangt wäre.

Und ich betete weiter: „Gott, wenn es dich wirklich gibt und du noch eine Aufgabe für mich hast, dann schicke sie mir, aber bitte zeitnah!"

Es dauerte dann noch ca. 14 Tage, bis mein Fokus öfter auf Jesus Christus gelenkt wurde. Ich betete zum vorherigen Zeitpunkt zu Gott persönlich, ich rief jedoch nicht nach Jesus. Ich kannte den Unterschied nicht.

Mein Fokus fiel also auf Jesus und ich sah ein Video, in dem mir vermittelt wurde, dass Jesus **DER** Weg, **DIE** Wahrheit und **DAS** Leben sei, dass er die Lösung **IST**!

„Ich bin der Weg, denn ich bin die Wahrheit und das Leben. Einen anderen Weg zum Vater gibt es nicht."

Johannes 14, Vers 6

Ich betete also noch einmal: Jesus, wenn du der Schlüssel zu einem permanenten Gefühl von: „Alles ist gut!" bist, dann muss ich dich kennen lernen!

Ich ging an diesem Abend zu Bett, wurde am nächsten Morgen wach, ging in mein Büro (mein Job, die Persönlichkeitsentwicklung, war mein Leben!) und es war, als hätte man mir eine Brille abgenommen. Ich **erkannte** plötzlich die **Wahrheit**. Die Lüge, der ich aufgelegen war, die Lüge meines Lebens wurde offenbar! Ich war wiedergeboren, ohne dass ich wusste, was passiert war! Das musste mir der Heilige Geist Stück für Stück erst erklären. Zu diesem Zeitpunkt wusste ich noch nicht, dass man das Wiedergeburt nannte, von der Jesus spricht.

- Ich **wusste**, dass all das, was ich in den letzten Jahrzehnten im Bereich Psychologie, Persönlichkeitsentwicklung, Spiritualität usw. gelernt hatte, **nicht** die Wahrheit war.
- Ich **wusste**, dass es wirklich nur einen Weg zu Gott gibt und **nicht** mehrere.
- Ich **wusste**, dass Jesus eine entscheidende Rolle bei dem Ganzen spielt, dass allein an „Gott" zu glauben, **nicht** genügt.
- Ich **wusste**, dass dies hier etwas anderes ist als das, was ich bisher kannte.
- Ich **wusste**, dass hier etwas Wichtiges (Entscheidendes) passiert war, was mein Leben **für immer** verändert hat.
- Ich **wusste**, dass ich in die Bibel schauen musste, um zu verstehen/begreifen, was in meinem Leben gerade geschehen war.
- Ich **wusste**, dass dieses Gefühl, welches ich an diesem Morgen hatte, die Wahrheit ist. Ich wollte es ab diesem Tag nie mehr verlieren!

An diesem Tag nahm ich das erste Mal eine Bibel in die Hand, fuhr ins Schwimmbad und las das Buch Hiob. Ich verstand das Wort Gottes. Die Wahrheit setzte mich an diesem Tag frei.

Heute wandele ich in diesem tiefen inneren Frieden und viele negative Dinge, mit denen Menschen in der Welt noch zu kämpfen haben, sind auf übernatürliche Weise geheilt worden.

Heute kann ich das Wort Gottes als die **einzige** Wahrheit für alle Probleme der Welt ansehen und wünsche mir für jeden Menschen, dass er diese heilende Kraft kennen lernt.

Jesus lebt und Jesus ist der Schlüssel, um die Menschen aus der Knechtschaft der Sünde und den Fängen des Teufels und damit von Krankheit und allem Negativen zu befreien. Er hat am Kreuz alles für uns getragen! Sein Blut hat uns vom Fluch befreit, so dass wir uns in Autorität und Macht auf sein Blut berufen und in Anspruch nehmen können, was Gott für uns vorgesehen hat. Dies beinhaltet alles Gute! Alles Gute kommt von oben, alles Schlechte vom Teufel! Gott hat uns freigekauft! Aber es braucht den Schlüssel zur Freiheit! Du musst den Glauben aktiv ergreifen. Frei von Religion! Frei von Kirche! Frei von Gemeinden! Frei von Sekten! Jesus ist keine Religion! Es ist umsonst! Es kostet kein Geld!

Doch Vorsicht! Viele Lügen, falsche Evangelien usw. sind im Umlauf! Wenn du die Wahrheit willst, suche den Vater und Jesus selbst! Rufe nach ihm! Glaube nicht Menschen. Glaube auch nicht mir!

Glaube aber vor allem nicht dem, was du „**in dir**" zu wissen glaubst! Ziehe in Betracht, dass alles, was in Bezug auf den Glauben, Gott, Jesus, den Heiligen Geist oder die Kirche glaubst zu wissen, falsch oder zumindest lückenhaft sein könnte!

Dies ist meiner Meinung nach das Beste, was du tun kannst. Schiebe alle Bedenken, Vorurteile, Lehren usw. beiseite. Radiere alles in deinen Gedanken aus, bis du in Bezug auf den Glauben wie ein weißes Blatt Papier bist. Hinterfrage dich selbstkritisch, sei bereit, alle menschlichen Begierden und selbstsüchtigen Wünsche über Bord zu werfen. Sei bereit, den Glauben komplett neu kennen zu lernen. Sei bereit, dich von Gott durchforschen und überführen zu lassen. Nicht, damit er dich richtet, sondern damit er dich befreien kann. Übernehme nicht Lehren, sondern frage Gott selbst nach der Wahrheit!

Aber hüte dich vor deinen Gefühlen. Sie können trügerisch sein. Prüfe dein Herz, ob es bereit ist, die Wahrheit anzunehmen, auch wenn es (erst einmal) unangenehm sein kann. Danach wird es dir aber besser gehen als davor.

Ich hatte diese Haltung und mein Leben hat sich radikal verändert. Es ist besser als jemals zuvor. Die Liebe Gottes hat in meinem Leben Einzug gehalten, mit allem, was er uns dazu noch schenken wollte. Gott ist einfach gut!

Drei wichtige Erkenntnisse/Wahrheiten, die mir in diesem Kapitel bewusst geworden sind:

1.

2.

3.

Platz für Deine Gedanken und Gebet:

Kapitel 6 – Finger weg von Persönlichkeitsentwicklung, Esoterik und Religiösität

In diesem Kapitel möchte ich dich explizit davor warnen, die Lösung in der **Persönlichkeitsentwicklung**, der **Esoterik** oder **(anderen) Religionen** (z.b. Buddhismus, Taoismus…) zu suchen. Noch einmal möchte ich erwähnen: Jesus nachzufolgen ist keine Religion, es wurde eine Religion daraus gemacht, das Christentum. Was ich meine, dass du dich vor Religiösität hütest. Du könntest vielleicht sagen, dass ich sehr religiös und radikal bin, aber das ist es nicht. Es scheint nur so, äußerlich. Du musst es dir aber von Gott zeigen lassen. Was ich habe ist ein klarer Standpunkt.

Viele Menschen, die auf der Suche nach der Wahrheit sind, wurden (aufgrund ihrer religiösen Blockaden) in die Irre geleitet. Viele hielten sich – intuitiv – von Religion/Kirche fern, dennoch glaubte etwas in ihnen an das Übernatürliche und Geistliche. So waren/sind sie für die Irrlehren begeisterungsfähig (gewesen).

Oder aber sie haben angefangen, sich auf den wissenschaftlich orientierten Teil zu stützen und dort nach der Wahrheit zu suchen. Spannend finde ich, dass einige wissenschaftlich orientierte Menschen ebenfalls nach der Wahrheit suchten, die ihnen diesen inneren Frieden hätte geben können. Rastlos und unstetig suchten sie und einige (Halleluja) fanden die Lösung im Glauben.

Tatsächlich ist es möglich (erst einmal) bei vielen verschiedenen (rationalen aber auch übernatürlichen) Techniken eine Heilung hervorzubringen.

Ich habe in meiner jahrzehntelangen Arbeit in diesem Bereich **keinen** Menschen kennengelernt, der durch Techniken und Heilmethoden in der Persönlichkeitsentwicklung und Esoterik **tiefgreifend und anhaltend** von Ängsten, Depressionen oder anderen Krankheiten geheilt worden wäre. Nein, ich konnte sogar beobachten, dass diese Menschen sich immer mehr darin verstrickten, noch mehr wissen zu müssen, noch mehr tun zu müssen, noch mehr Geld ausgeben zu müssen, um irgendwie an einem/am Ziel anzukommen.

Ich erinnere mich, dass ich vor einigen Jahren auf Facebook mit einer Gruppenadministratorin Kontakt aufnehmen wollte, hinsichtlich der Möglichkeit eines gemeinsamen Projektes im Bereich Persönlichkeitsentwicklung/Esoterik. Die Gruppe umfasste bereits mehrere tausend Mitglieder und nachdem ich eine Nachrichtenanfrage gestellt hatte, antwortete mir diese Person, dass sie sich gerade in einem Klinikaufenthalt bezüglich ihrer Depression befände.

Dies war kein Einzelfall. Aus meiner Arbeit als Trainerin und Coach (als Businesscoach unterstütze ich viele Heiler und Coaches mit eigener Praxis sowie Heilpraktiker, unter anderem auch Heilpraktiker der Psychotherapie) weiß ich, dass es hinter den Kulissen meist nicht so aussieht, wie es vordergründig oft den Anschein hat. Von großen Trainern, die als Speaker auf Bühnen stehen, weiß ich um Charakterzüge des Narzissmus. Auch, dass einige von ihnen hochcholerisch ihre eigenen Angestellten mobben.

Mit Lügen, erfundenen Geschichten und Prahlerei (sich größer machen als man ist, eine gerade sehr beliebte Masche in dem Bereich) schaffen sie es, tückisch und listig die Menschen zu täuschen.

Ich möchte dir in diesem Kapitel ein paar kleine Anhaltspunkte geben, die dir den Unterschied zeigen können, zwischen der Richtung, die zur Heilung führt und der Richtung, die dich weiterhin in Krankheit festhält (oder sie sogar verschlimmert oder dich in ein Suchtverhalten bringt).

Therapiemethoden, Coachings, Seminare, Stressmanagement, Zeitmanagement usw. zielen **alle** darauf ab, **deine eigene Ressourcen** zu **aktivieren**. Es geht also immer darum, **selbst** stark zu werden und aus **eigener** Kraft die Dinge meistern zu können. Oder man bedient sich entsprechender Hilfsmittel (Stäbe, Edelsteine, Globuli, energetische Geräte usw.).

Dies ist ein gewaltiger Unterschied zu dem Leben, welches ein aktiver, lebendiger und wieder-geborener Christ führt. Er verlässt sich **nicht mehr** auf seine **eigene** Kraft, sondern greift auf die Kraft Gottes (aus dem Heiligen Geist zur Verfügung gestellt) zurück, die er aufgrund von Gottes Gnade und dem Erlösungswerk Jesu empfangen hat. Vielleicht braucht er noch die Schulmedizin, aber dann nicht, weil dort die Lösung liegt, sondern weil der Glaube schwach ist. Nr. 1 bleibt Gott.

Für mich wurde das Leben als lebendiger Christ um vieles leichter, da ich meine Lasten nicht mehr allein tragen musste. Jesus hat für mich alle Schuld bezahlt und hilft mir in der Bewältigung meines Alltags und den Aufgaben, die ich heute für das Reich Gottes umsetze. Allein die Tatsache, dass in den letzten vier Monaten insg. 8 Bücher entstanden sind, zeigt, wie Gott auf übernatürliche Weise in meinem Leben wirkt. Ich kenne einige Menschen, die **ein** Buch schreiben wollten, und dies bisher noch nicht geschafft haben. Ich kann alles nur durch den Herrn, der mir (aus seiner Gnade heraus) alles dazu gibt, was nötig ist.

„Allem bin ich gewachsen durch den, der mich stark macht."
Philipper 4, Vers 13

„Freut euch immerzu, mit der Freude, die vom Herrn kommt! Und noch einmal sage ich: Freut euch! Alle in eurer Umgebung sollen zu spüren bekommen, wie freundlich und gütig ihr seid."
Philipper 4, Verse 4+5

„Macht euch keine Sorgen, sondern wendet euch in jeder Lage an Gott und bringt eure Bitten vor ihn. Tut es mit Dank für das, was er euch geschenkt hat. Dann wird der Frieden Gottes, der alles menschliche Begreifen weit übersteigt, euer Denken und Wollen im Guten bewahren, geborgen in der Gemeinschaft mit Jesus Christus."
Philipper 4, Verse 4-7

Seit ich als lebendige, wiedergeborene Christin mein Leben mit dem Herrn gehe, muss ich mich **nicht mehr** auf meine eigenen Ressourcen verlassen. Gott weiß viel besser, was in einer Situation gut und gottgefällig, bzw. richtig für mich ist.

Leider gibt es viele Namenschristen, die noch nicht in der Freude und Leichtigkeit wandeln, die der Geist Gottes uns gibt. Für Nichtchristen, die diesen Weg noch nicht eingeschlagen haben, wäre diese Verhaltensweise noch entschuldbar, denn sie kennen die Alternative noch nicht. Aber Namenschristen, die um die Wahrheit und Weisheit Gottes wissen, den Heiligen Geist verleugnen und zum Teil sogar ablehnen, was Gott uns in seiner Gnade zur Verfügung gestellt hat, handeln meines Erachtens in Bezug auf sich selbst und ihre Umwelt grob fahrlässig.

Selbst viele Christen wollen von der Wahrheit nichts wissen. Sie bestreiten sogar, dass Gott nur heilt, wenn es sein Wille sei. Sie predigen nicht, dass es selbstverständlich Gottes Wille ist, dass die Menschen gesund sind. Doch seit den Zeiten Jesu wurde die wahre Lehre verwässert. Und weil Menschen bei Gott scheinbar (denn es ist eine Lüge) keine Heilung finden, begeben sie sich auf den Weg der Irrlehren. Es gibt eine ausführliche Videoreihe auf YouTube zu dem Thema: „Dein Glaube hat dich geheilt!" Dort kannst du erfahren, wie Jesus die Dinge sah und was er lehrte und du kannst in der Bibel diese Wahrheiten nachlesen.

Gesundheit steht uns schon zur Verfügung, Versorgung steht uns schon zur Verfügung, genauso wie alle anderen

Verheißungen, die Gott uns in seinem Bund zur Verfügung gestellt hat.

Das Problem ist nicht Gott! Das Problem stellen die Menschen selbst dar, die nicht an die heilende Kraft des Blutes Jesu glauben bzw. sich nicht im Glauben darauf berufen. Sie sind voller Zweifel und wenden sich deshalb den Möglichkeiten zu, die es sonst noch so gibt. Hinzu kommt, dass sie die Wahrheit und das Wort Gottes nicht wirklich kennen (weil es ja falsch gepredigt wird) und keine Ahnung davon haben, was en fester, reiner Glaube, frei von Zweifeln, überhaupt ist. Sie wissen nicht, wie man gut betet oder was Hingabe des Lebens bedeutet. Sie sind unwissend gehalten worden (von Kirchen und Religionen!). Doch Gott ist gut und treu. Er lässt seine Geschöpfe nicht im Stich! Immer wieder bringt er Menschen hervor, die von ihm und seiner Wahrheit sprechen. Bitte bete für mich, dass ich dieser Wahrheit immer treu bleibe und mich nie verführen lasse!

Weil viele Namenschristen sich heute immer noch überwiegend auf ihre **eigene** Kraft verlassen, kommen geistige Krankheiten (wie z.B. Depressionen, Ängste, Burnout usw.) auch bei Christen häufig vor. So entsteht fälschlicherweise der Eindruck, dass Gott Krankheit gewollt oder zugelassen haben muss. Dabei hängt es nicht an Gott, sondern an den falschen Gedanken- und Sinneseindrücken des Menschen.

Heute sage ich öfter: Die Persönlichkeitsentwicklung und Esoterik hat Probleme geschaffen, die man ohne sie nie gehabt hätte. Man kommt von Problem zu Problem und therapiert und therapiert. Bereits damals habe ich gesagt: „Wer ein Problem sucht, wird auch eines finden." Auch viele Christen sind heute eher problemorientiert oder dämonenorientiert, statt sich auf den bereits vollzogenen Bund am Kreuz (Jesus sagte: „Es ist vollbracht!") zu berufen.

Ich hoffe, dass ich mit diesem Buch wichtige Unterschiede und Details aufzeigen kann, die dir helfen, deine Gedanken zu erneuern und in die Kraft Gottes zu kommen bzw. darin zu wandeln, dass du ergreifst, was Gott für dich vorgesehen hat.

Freut euch immerzu mit der Freude, die **vom** Herrn kommt. Macht euch keine Sorgen, sondern wendet euch in **jeder** Lebenslage an Gott.

Gott kennt alles und kann dir in jeder Situation die nächsten Schritte aufzeigen, welche du gehen kannst, um in der Freude und dem Frieden zu wandeln, den nur er dir geben kann.

Ich weiß heute (nicht: Ich „glaube" heute!), dass ich mit eigener Kraft **nie** das erreichen kann, was Gott für mich möchte. Es wird immer anstrengend und immer schwer sein. Du kannst davon im **1. Buch Mose** lesen.

Nach dem Sündenfall und dem Fluch, der damit auf die Menschen kam, sagte Gott im **1. Mose 3, Vers 17**:

„Deinetwegen ist der Acker verflucht. Mit Mühsal wirst du dich davon ernähren, dein Leben lang."

Das Leben wird anstrengend, wenn wir weiterhin unter dem Fluch Gottes leben und versäumen, die Gnade Gottes, die Gott für uns durch Jesus Christus bereitgestellt hat, anzunehmen. Leider wird viel Falsches über den Neuen Bund der Gnade gelehrt, weshalb viele diesen Bund zwar mit ihrem Mund bekennen, in ihrem Leben aber nicht praktisch leben, d.h. ihn nicht angenommen haben. Ja, manche leugnen es sogar und rechnen alles Gute, das Christen durch Gott erfahren, dem Teufel zu.

Ein weiterer Punkt im Bereich der Persönlichkeitsentwicklung ist die Tatsache, dass in all diesen Bereichen ein erheblicher **Fokus** auf negative Gefühle gelenkt wird. Man probiert, die negativen Emotionen durch Gesprächstechniken oder Heilmethoden zu **eliminieren**. Manchmal werden diese tatsächlich sogar noch verstärkt. Menschen wachsen in Abhängigkeiten und Süchte, die weit über Alkohol- und Drogensüchte hinausgehen. Hierzu möchte ich z.b. die Süchte nach Social Media, Internet im Allgemeinen, Seminarsucht, Wissenssucht, Sportsucht, Sucht nach finanzieller Freiheit, Schönheitswahn, Sucht nach Frieden und Harmonie (was in einigen Gemeinden zu beobachten ist), anführen.

Diese Tatsache finde ich persönlich besorgniserregend, da viele Christen sich gerettet glauben, und nicht merken, dass sie vollkommen in der Hand des Feindes gefangen sind. Ich will niemandem die Rettung absprechen, mit Sicherheit sind viel von ihnen gerettet. Aber einige glauben an ein falsches Evangelium und ich glaube, dass Gott gerade in der jetzigen Zeit viele zur wahrhaften Umkehr ruft. Er will sie aus der Religiösität und den Lügen befreien, in die sie (meist unbewusst) verstrickt wurden.

Ich konnte beobachten, wie viele Christen abhängig von dem Drang sind, wissen zu wollen, was in naher Zukunft geschehen wird. Sie beschäftigen sich tiefgehend mit der Endzeit, Verschwörungstheorien und der Wiederkunft Jesu, obwohl dieser uns selbst gesagt hat, dass niemand den genauen Zeitpunkt seiner Wiederkunft kennt, noch nicht einmal er. Wieso sollte dann Gott manchen Propheten einen genauen Zeitpunkt nennen? Das Verhalten mancher Christen erinnert mich stark an die Beschäftigung mit Wahrsagerei. Aber viele Christen wollen dieses Problem nicht sehen.

Bereits in **Jesaja 53, Vers 4** habe ich dir aufgezeigt, dass Jesus alle Krankheiten auf sich genommen hat, die für uns bestimmt waren. Zu Krankheit gehört alles, was uns daran hindert, **Wohlergehen** zu haben. Wohlergehen bezieht sich auch auf (z.B.) finanzielle Versorgung, gelungene Beziehungen, Gelingen im Beruf usw.
In der Offenbarung, dem letzten Kapitel in der Bibel, lesen wir in **Kapitel 21, Vers 4**:

„Er wird alle Tränen abwischen. Es wird keinen Tod mehr geben und keine Traurigkeit, keine Klage mehr und keine Qual. Was bisher war, ist für immer vorbei. Dann sagte der, der auf dem Thron saß: „Gebt acht, jetzt mache ich alles neu!"

Und jetzt kommt das Beste:
Jeder, der sich zu **Lebzeiten** zum Glauben an Jesus Christus bekennt, für den gelten diese Verheißungen bereits jetzt, also schon zu dieser Zeit, in der wir noch auf der Erde leben und **noch nicht** ins ewige Leben eingegangen sind. Jeder wiedergeborene Christ **ist**

bereits eine neue Schöpfung geworden. Beachte, es heißt nicht **wird**, sondern **geworden**.

„Wenn also ein Mensch zu Christus gehört, ist er schon eine neue Schöpfung. Was er früher war, ist vorbei; etwas ganz Neues hat begonnen. Das alles aber kommt von Gott."

2. Korinther 5, Vers 17

Du kannst lesen, dass ein Mensch, der zu Christus gehört (und damit wieder Gottes Eigentum geworden ist), eine neue Schöpfung geworden **ist**. Viele wollen nicht Gottes Eigentum sein. Sie denken, dann geht ihnen etwas Gutes verloren. Das hat die Schlange im Garten Eden bereits vortrefflich verkauft. Das ist aber eine Lüge! Es kann dir nichts Besseres passieren, als Gottes Eigentum zu sein. Im Alten Testament lesen wir von der Ehre, die damit verbunden ist, sein Eigentum zu sein. Gott behielt sich dies für die Israeliten vor, erst im neuen Bund durften wir Heiden uns ebenfalls glücklich schätzen, dass wir in diesen Bund mit einbezogen wurden (**Galater 3**).

Mit den Worten am Kreuz: Es ist vollbracht! hat Jesus unseren Preis bezahlt und wir haben die Möglichkeit bekommen, eine neue Schöpfung zu werden.
Aber Achtung: Du bist/wirst **nicht automatisch** ein Kind Gottes. Wir sind zwar alle Geschöpfe Gottes, aber nicht alle sind Kinder Gottes geworden.

„Wenn wir glauben werden wir von Gott angenommen und haben den Frieden mit Gott."
Römer 5, Vers 1

In **Römer 3, Vers 28** kannst du lesen, dass **allein** aufgrund des **Glaubens** Gott Menschen annimmt und sie vor seinem Urteil als gerecht bestehen lässt. Das heißt, wenn du an Jesus Christus, den Retter glaubst, denjenigen, der für dich alle Schuld und Sünde als Bestrafung getragen hat, dass er aber nicht endgültig starb, sondern den Tod besiegt hat und am 3. Tag auferstanden ist, kannst du ein Kind Gottes werden. Durch den Gehorsam von Jesus und seiner Tat am Kreuz haben wir die Möglichkeit erhalten, vor Gott zu treten und in Anspruch zu nehmen was Jesus zugestanden hat. Dies beinhaltet auch Heilung von Krankheiten und aller anderen Flüche, die in **5. Mose 28** genannt sind.

Mehr zum Evangelium kannst du in dem Buch „Chat mit Jesus" lesen. Die Persönlichkeitsentwicklung und die Esoterik nehmen ein großes Augenmerk darauf, aus eigener Kraft etwas **Besonderes** zu sein. Tatsächlich ist es jedoch so, dass wir allein durch die **Kraft Gottes und das Erlösungswerk Jesu,** die in und durch uns **wirkt** zu etwas Besonderem **werden**. Jeder der sich auf sich selbst und seinen Verstand verlässt, wird von Gott weggetrieben. Die Trennung zwischen Gott und der Person wird vergrößert.

Wenn Menschen in Therapien, Persönlichkeitsentwicklung oder Esoterik an ihren Gefühlen arbeiten und es ihnen aufgrund dessen besser geht, werden sie unter Umständen nie an einen Punkt kommen, wo sie nach

Gott rufen. Es geht ihnen, um es mal banal zu sagen: „Zu gut!" Damit ist der Weg zu Gott versperrt. Ähnlich ist es bei Religionsrichtungen, die aus menschlichen Gefühlen heraus Gemeinschaft haben, die alles tolerieren und unter dem Deckmantel der Liebe verstecken. Menschen gefallen zu wollen, keinen Anstoß zu nehmen und damit oft auch nicht die Wahrheit Gottes zu vertreten, tritt in den Hintergrund und Menschen im Fleisch und ihren Gefühlen zu gefallen, tritt in den Vordergrund. Dadurch können falsche Gedanken und Haltungen nicht aufgedeckt werden. Es sind religiöse Ansichten und Traditionen, welche gepflegt werden. Das Wort Gottes tritt in den Hintergrund.

„Verlass dich nicht auf deinen Verstand, sondern setzte dein Vertrauen ungeteilt auf den Herrn!
Denk an ihn bei allem, was du tust; er wird dir den richtigen Weg zeigen. Halte dich nicht selbst für klug und erfahren, sondern nimm den Herrn ernst und bleib allem Unrecht fern! Das ist eine Medizin, die dich rundum gesund erhält und deinen Körper erfrischt."

Sprüche 3, Vers 5-8

Für manche Menschen sind Lehren und Methoden, in denen man viel tun muss, einfacher anzunehmen, als sich die Heilung schenken zu lassen.

- Entweder glauben Menschen nicht an Gott oder
- sie glauben nicht, dass Gott ihnen helfen will, oder

- sie denken, sie können das alles – nicht einfach so – ohne Gegenleistung – annehmen.

Es ist die Einfachheit des Evangeliums der guten Nachricht, dass Gott Frieden mit den Menschen geschlossen hat und er nun dabei ist, sein Reich aufzurichten. Er ruft die Menschen zur Umkehr auf und möchte, dass sie sich dazu entschließen, gemeinsam mit ihm zu leben.

Das, was die Persönlichkeitsentwicklung bzw. Esoterik oder Psychologie mit der Bibel gemeinsam hat, ist die Tatsache, dass eine gewisse **Gedanken-** bzw. **Sinneserneuerung** stattfinden muss (**Römer 12, Vers 2**). Wenn die **eigenen** Gedanken und der **Glaube** an das, was Gott sagt, **nicht** im Einklang mit dem sind, was Gott **verheißen** hat, ist der Glaube nicht wirklich ein Glaube und wird keine entsprechende Frucht bringen. Denn glauben bedeutet ja gerade, dass man als **Wahrheit** anerkennt, was geschrieben steht. Wenn die Gedanken entgegenstehen, ist es kein Glaube. Unter Umständen wandelt man im Schauen (also in dem was man sieht, fühlt, hört usw.), statt im Glauben. Man glaubt an das, was man sieht und nicht an das, was im Verborgenen ist. Ich mache dir ein Beispiel: Du möchtest gerne eine Gartenparty geben, und glaubst, dass es nicht regnen wird und dieser Tag strahlender Sonnenschein für dich bereithält. Dann läufst du aber los und organisierst alles, damit die Party in deinem Haus stattfinden könnte, falls es regnet. Wenn du in einem festen Glauben wärst, dass es **nicht** regnen wird, würdest du dich nicht so verhalten.

Ähnlich verhält es sich mit dem christlichen Glauben. Wenn ich das Wort Gottes glaube und darauf vertraue, werde ich entsprechend meinem Glauben handeln. Wenn ich z.B. auf die Versorgung Gottes vertraue, werde ich – wie wir es zurzeit z.B. in der Corona-Krise haben – auf Gott vertrauen, dass er sich um alles kümmert. Ich werde keine Existenzangst haben!

Es braucht also unter Umständen eine Erneuerung deiner Gedanken und Sinne, so dass diese in Einklang mit dem Wort Gottes kommen.
Irrlehren beschäftigen sich häufig mit psychologischen Aspekten und alles dreht sich um die Person **selbst**. Selbstbewusstsein, Selbstvertrauen, Selbstwert, Selbstliebe usw. Es gibt einen lustigen Spruch:

Ich, mich, meiner, mir,
Herr, segne doch uns vier.

Der Segen und die Heilung liegen darin, dass wir unsere Gedanken und Sinne auf das Wort Gottes (Same) richten und dieser Same in uns wachsen kann. Dafür muss er auf fruchtbaren Boden fallen (Gleichnis vom Sämann). Als Frucht kommen nur gute Dinge hervor, wovon Freude und Lebendigkeit nur ein kleiner Teil ist.

Dann, wenn wir die Liebe und den Segen Gottes erfahren, fangen wir an, anderen Menschen zu dienen.
In der Psychologie usw. dreht sich meistens alles um das eigene, kleine Universum. Im Glauben dreht sich alles um den Großen, Allmächtigen, Gütigen, Treuen und Liebenden Gott, durch den alles möglich ist. Nicht die Probleme oder das eigene Ich werden groß gemacht,

sondern Gott und Jesus mit dem Erlösungswerk am Kreuz werden erhöht.

Der Bereich der Gedankenerneuerung ist für jeden Christen unglaublich wichtig. Viele Namenschristen haben dies noch nicht wirklich verstanden, ja, manche lehnen es sogar rigoros ab. Sie halten jegliche Veränderungen in den Gedanken für Manipulation und vom Teufel geschickt.

Meine Beobachtung ist, dass viele Christen seelische (aber auch körperliche) Probleme (und auch Süchte) haben. Sie zeigen sich in negativen Emotionen und Krankheiten (auch psychischer Art wie Depression, Belastungsstörung, Burnout oder geistlichem Burnout). Diejenigen, die ihre Gedanken und Sinne an das Wort Gottes angeglichen haben und die das Wort Gottes glauben und darauf vertrauen, bringen gute Frucht. Außerdem sind sie überwiegend frei (keiner von uns wird vollkommen frei sein, bis Jesus wiederkommt) von Emotionen/Gefühlen, wie sie Menschen in der Welt haben.

Auch Religionen, Religionsgemeinschaften oder freie Gemeinden und Einrichtungen solltest du prüfen. Viele dieser Institutionen haben angefangen, das Wort Gottes und die Wahrheit zu verwässern und Psychologie, Esoterik und Persönlichkeitsentwicklung zu integrieren.

Ich glaube das liegt daran, dass sie selbst in bestimmten Bereichen ihres Lebens keine Heilung/Veränderung oder Verbesserung erfahren haben, den Heiligen Geist nicht empfangen haben und praktisch in ihrem eigenen Leben nicht erfahren konnten, was die Kraft und Liebe Gottes bewirken kann.

Demnach ist es leichter, das Wort Gottes in Frage zu stellen und zu behaupten, dass bestimmte Verheißungen, von denen die Bibel spricht, nicht mehr gelten, statt sich einzugestehen, dass man an irgendeiner Stelle wohl einen Fehler macht, selbst das Problem ist oder etwas Falsches glaubt.

Ich habe die Beobachtung gemacht, dass sich viele Namenschristen bereits selbst mit Krankheiten und Problemen arrangiert haben, statt in der Wahrhaftigkeit der Wahrheit Gottes, Autorität und Macht, sich auf das Wort und die Wahrheit zu berufen und es für sich (im Glauben) einzufordern und anzunehmen.

Sei daher, gerade wenn du jung und frisch im Glauben bist, vorsichtig und prüfe genau, ob das, was gelehrt wird, mit dem Wort Gottes übereinstimmt und prüfe auch, ob bestimmte Dinge aus der Bibel nicht geglaubt, verschwiegen oder als nicht mehr relevant angesehen werden. Suche dir einen Leiter, zu dem du Vertrauen hast und der dir (auch kritisch, um geistlich wachsen zu können) in dein Leben spricht (in Liebe). Jemand, der mit dir Stück für Stück die Herausforderungen geht (Jüngerschaft) und dir hilft, zuverlässig und stabil in das Wort Gottes hineinzuwachsen.

Ja, man mag es nicht für möglich halten, doch manche Gemeinderichtungen und Religionsrichtungen haben einfach beschlossen, bestimmte Dinge aus der Bibel nicht mehr zu glauben, da sie nicht mehr zeitgemäß seien.

Persönlichkeitsentwicklung, Esoterik und Psychologie haben Einzug gehalten. Wenn du unsicher bist, bete zu unserem Herrn und bitte um Weisheit und Erkenntnis. Die Erkenntnis über die Wahrheit wird dich freisetzten. Er wird dir die Wahrheit offenbaren, wenn du sie wirklich wissen willst und bereit bist, dein „menschliches" Denken aufzugeben.

Jesus befreite viele Menschen von Dämonen. Sie sorgten dafür, dass Menschen sich schlecht fühlten und krank waren. Viele haben Angst vor diesem Thema und sicher würden einige nicht in den Gottesdienst kommen, wenn der Pastor von Dämonen sprechen würde und wie ein Mensch davon frei werden kann. Lieber wird dieses Thema totgeschwiegen, als sich der Wahrheit der geistlichen Welt zu stellen. Ich treffe einmal eine radikale Aussage: Wer heute, als Christ, nicht in Betracht zieht, dass es den Teufel und Dämonen gibt, den muss ich allen Ernstes fragen, an was er glaubt! Die ganze Bibel, und vor allem auch neue Testament, spricht von der Beziehung von Gott und den Menschen, die nach dem Sündenfall Adam's nicht mehr in Ordnung war. Sünde kam über den Menschen und der Mensch war verdorben und schlecht, weil der Teufel die Menschen verführte.

Noch heute gibt es Dämonen und sie zu leugnen ist eine Irrlehre. Auf der anderen Seite gibt es religiöse Richtungen, die zwar die Existenz von Dämonen anerkennen und Befreiungsdienste anbieten (und ich kann bezeugen, dass Depressionen oder andere Krankheiten gehen mussten), welche aber andere wichtige biblische Wahrheiten nicht weitergeben!

Die Esoterik ist eine billige Kopie des wunderbaren Originals der Bibel. Jeder wiedergeborene, lebendige Christ, welcher den Heiligen Geist Gottes empfangen hat, kann ganz allein (in Autorität) den Teufel in seine Schranken weisen (**Jakobus 4, Vers 7**).

Die Esoterik hat sich diese geistliche Waffe (**Epheser 6**) als Wahrheit gestohlen. So wird den Menschen irgendeine Heilmethode vermittelt, welche aber nicht auf das Erlösungswerk Jesu gegründet ist. Damit hat sich der Feind eine Irrlehre geschaffen, welche den Menschen schrittweise zerstört! Ich persönlich kenne einige Heiler oder Schamanen, welche sich der geistlichen Kraft bedienen wollen, welche glauben, dass sie mit der Kraft Jesus heilen (z.b. Christusenergie), die aber völlig verblendet sind. Sie haben oft selbst kein Geld, bekommen keinen Segen, vieles läuft schief (Flüche), sie sind zum Teil suizidgefährdet, krank oder leiden unter diversen Süchten. Ein klares Zeichen dafür, dass der Feind sie im Griff hat. Es ist nicht ein Zeichen allein (d.h. du kannst nicht sagen, weil ein Christ krank ist, ist er ein Irrlehrer. Er kann auch versäumt haben, den Feind im Glauben in seine Schranken zu weisen oder er glaubt nicht und hat Zweifel), sondern immer die Summe der Frucht.

Jesus sagt: „An ihren Früchten werdet ihr sie erkennen!" Überall, wo du auf Heilung triffst, und Jesus **nicht** der Schlüssel zur Befreiung ist, ist diese Lehre nicht von Gott, was aber nicht heißt, dass Gott nicht geheilt hat. Ich hoffe du verstehst, was ich dir sagen will. Es ist Gottes Wille, dass ein Mensch gesund ist. Da vom Teufel nichts Gutes kommt, kann auch keine Gesundheit von ihm kommen. Aber Gott kann dir Gesundheit geben, auch wenn du noch nicht an ihn glaubst. Warum? Weil Gott nicht anders kann, als sich selbst treu zu bleiben! Um seines Namens Willen tut er Gutes!

„Er führt mich auf rechter Straße, um seines Namens willen."

Psalm 23, Vers 3

Umkehrt sind aber auch **nicht** alle Christen, welche im Namen Jesu Heilung aussprechen, wirklich wiedergeborene Christen. Prüfe, welche Lehre sie vermitteln und ob sie Teile aus der Bibel auslassen und nicht weitergeben, in dem sie z.B. sagen: Das gilt heute nicht mehr, oder ähnliches.

Glaube nicht alles, was Menschen dir sagen (auch nicht die Wissenschaft). Als ich noch Finanzbeamtin war, gab es einen Spruch: „Glaube nicht einer Statistik, die du nicht selbst gefälscht hast."

Drei wichtige Erkenntnisse/Wahrheiten, die mir in diesem Kapitel bewusst geworden sind:

1.

2.

3.

Platz für Deine Gedanken und Gebet:

Kapitel 7 – Lüge und Wahrheit

In diesem Kapitel möchte ich dir in einer Tabelle eine kleine Auswahl an Lügen und Wahrheiten gegenüberstellen. Entscheide selbst, für was du dich entscheiden willst.

Welt - Lüge	Gott – Wahrheit
Ich schaffe alles allein.	Ich schaffe es **nicht** allein, ich brauche Gottes Hilfe.
Ich brauche Gott nicht.	Ich brauche Gott. Allein kann ich nichts ausrichten.
Ich bin krank und kann nichts tun/keiner kann mir helfen	Ich bin gesund. Jesus hat alle Krankheit ans Kreuz gebracht, Jes. 53, 4 – 1. Petrus 2, 24. ich berufe mich darauf, glaube und vertraue auf und in sein Wort.
Ich kann niemandem vertrauen.	Ich **kann** auf Gott vertrauen, denn ich habe ihm mein Leben übergeben und er hat versprochen, sich um mich zu kümmern. Er ist der Einzige, der mich nicht braucht uns mich segnen will.
Gott kann mir nicht helfen.	Nur Gott kann mir helfen, weil er der Allmächtige ist, der Himmel und Erde erschaffen hat.
Negative Gefühle wie Wut, Ärger, Trauer, Ohnmacht, Verzweiflung, Depression, Scham, Schuld usw. gehören zum Leben dazu. Man muss damit umgehen lernen.	Alles Gute kommt von Gott. Jesus hat alles Negative am Kreuz getragen, damit wir frei sein können. Wenn wir zu ihm gehören, verändert er uns.

Bedingungslose Liebe gibt es nicht.	Gott liebt uns bedingungslos. Er schenkt uns seine Liebe, sie ist nicht an Bedingungen geknüpft! Keine menschliche Liebe. Gehören wir ihm, wird seine Liebe alles in uns heilen! Die vollkommene Liebe treibt alles aus. 1. Joh. 14, 18
Was in der Welt ist, ist gut.	Viele Dinge der Welt zerstören uns. Alles was von Gott kommt, tut uns gut. Verdrehte Gedanken lassen uns Lügen glauben!
Visionen und Sehnsucht nähren und motivieren mich.	Gottes Plan und die Zugehörigkeit zu ihm nähren und motivieren mich. Es ist ruhig und leicht.
Die geistliche, unsichtbare Welt existiert nicht.	Die geistliche, unsichtbare Welt existiert. Nicht daran zu glauben verhindert, dass man lernt, wie man mit ihr umgeht und das Gute in sein Leben lenkt.
Man muss studiert haben oder von Studierten das Wort Gottes empfangen. Sie sind dazu legitimiert.	Jeder hat Zugang zu Gott und Zugang zu seinem Wissen und seinem Wort. Wer von Gott berufen ist, gibt es weiter. Gott allein legitimiert.
Ich muss erst gut und vollkommen sein, bevor ich Gott um Hilfe bitten kann.	Gott ruft die Menschen, die nicht gut und vollkommen sind (Sünder), um ihnen ihre Last abzunehmen.
Jeder trägt Gott in sich.	Gott steht über allem. Wir ordnen uns Gott demütig unter und er schenkt uns seinen Helfer, den Heiligen Geist, der uns führt.

Gläubige wollen nur mein Geld.	Wer dem Herrn von Herzen dient, tut dies umsonst. Umsonst hat jeder seine Gabe empfangen, umsonst gibt er sie weiter. Christen sind, wie Gott es auch tut, die Gebenden.
Man muss nicht glauben.	Jeder glaubt, auch wenn er glaubt, dass er nicht glaubt. Glaube ist eine Zuversicht auf das, was man nicht sieht, Hebr. 11, 1
Jesus nachzufolgen ist Aufopferung, Verzicht und Mangel.	Jesus nachzufolgen bringt eine Freiheit, einen Frieden, Freude, Fülle usw., den die Welt nicht geben kann, Joh. 14, 27. Je mehr man Gott in sein Leben lässt, je erfüllter wird es werden.
Gott lässt Menschen sterben, die man liebt.	Gott bringt Leben (ewiges Leben) und der Teufel bringt den Tod (ewigen Tod). Wer sich für Gott entscheidet, lernt auch, wie er in Autorität, in seinem Namen, Krankheit und Tod Einhalt gebietet. Und wenn der Teufel mehr Macht hat, als der Mensch, der im Glauben steht, dann kann ein Mensch sterben, dennoch lebt er im Reich Gottes weiter. Wer nicht zu Jesus gehört, erfährt den 2. Tod, er geht in die Hölle.
Gott könnte Menschen retten, tut es aber nicht.	Gott hat eine Möglichkeit gegeben, dass der Mensch gerettet wird. Er brachte Jesus ans Kreuz, als

	Bezahlung. Er kaufte den Menschen aus den Fängen des Teufels, von Flüchen, von Krankheit und Tod, frei. Der Mensch muss durch Glaube darauf reagieren. Dazu hat er einen freien Willen und kann sich frei entscheiden.

Es gibt noch mehr Lügen und Wahrheiten aufzudecken. Dazu ist ein kleines Buch entstanden: Jesus liebt Dich immer! ISBN: 979-8618920681.

In diesem Buch werden viele Lügen aufgedeckt, welche auch heute noch von Kirchen und von Religion verbreitet werden. Du sollst aber nicht alles glauben. Bete selbst zum Herrn und bitte ihn um Weisheit und Erkenntnis. Er wird sie dir geben.

Kapitel 8 – Was möchte Gott für dich

Gott möchte, dass du ein Leben in seinem Geist lebst. Jeder, der im Geist wandelt, wird reiche Frucht bingen. Nicht aus sich selbst heraus, sondern weil Gott bzw. sein Geist den Menschen verändert.
Welche Frucht das ist, kannst du anhand der Person Jesu erkennen.
Manche Namenschristen möchten gerne die Eigenschaften von Jesus Christus leben, doch ihnen fehlt der Heilige Geist, weil sie es bisher ablehnten, ihr Leben komplett in Gottes Hand zu geben. So tun sie alles aus eigener Kraft, was letztendlich zu einem geistlichen Burnout führen kann.
Einen geistlichen Burnout bekommen wir, wenn wir anfangen selbst zu entscheiden, welche Dinge wir für das Reich Gottes tun können, um Gott irgendwie zu gefallen.

Tatsächlich ist es aber so, wenn wir den Geist Gottes empfangen haben, dass dieser uns leitet und führt (mit einem super Zeitmanagement), und uns nur die Dinge aufträgt, die gerade dran sind.

Wenn wir nur allein diese Dinge Tag für Tag und Schritt für Schritt umsetzen würden, also das, was Gott uns aufgetragen hat, hätten die meisten Namenschristen viel mehr Zeit, viel mehr Ruhe, viel mehr inneren Frieden und wären nicht so geplagt von den Problemen (oft auch zwischenmenschlicher Art) in der Welt.

Es ist also wichtig, dass jeder, der sich für ein Leben mit Jesus entscheidet, den Heiligen Geist empfängt. Er hilft ihm dabei, ein lebendiges Leben in und mit Jesus Christus zu leben. Wenn wir im Geist Gottes wandeln, werden wir Frucht hervorbringen.

Die Früchte der menschlichen Selbstsucht sind: Unzucht, Unreinheit, Ausschweifung, Götzendienst, Zauberrei, magische Praktiken (z. B. Kartenlegen usw.), Feindschaft, Habsucht, Eifersucht, Zorn, Zank, Zwietracht, Spaltungen, Neid, Saufen, Fressen und dergleichen.

Aber die Frucht des Geistes, ist die Frucht, die Gott aus dir hervorbringt, wenn du in seinem Geist wandelst und dich von ihm leiten, lenken und verändern lässt, ist: Liebe, Freude, Friede, Geduld, Freundlichkeit, Güte, Treue, Sanftmut, Keuschheit.

Weiterhin kann ich dir versichern, dass dann, wenn du Jesus nachfolgst, ihn als deinen Retter annimmst, wenn du an ihn glaubst, dass er all das für dich getan hat, dass er alles vorbereitet hat, so dass der Weg zum Vater für dich frei ist und du alles empfangen kannst, was er dir bereits zur Verfügung gestellt hat (die Frucht des Geistes steht bereits für dich bereit) wirst du weiterhin auch viel Leidenschaft haben in dem, was Gott für dich vorgesehen hat. Deine eigene individuelle Berufung, mit deinen Gaben des Geistes, die dir Gott bereits von Anbeginn der Zeit schon zur Verfügung gestellt hat, wirst du in Ehre und Danksagung für Jesus, ausüben.

Weiterhin geht einher: Begeisterung, Lebendigkeit und diese vielen positiven Erwartungen, das im Glauben zu empfangen, was Gott uns bereits zur Verfügung gestellt hat.

Du wirst ein hohes Maß an Zufriedenheit, Freude, Weisheit und Erkenntnis, Stärke, Freiheit, Liebe, Wertschätzung gegenüber dir selbst und gegenüber anderen Menschen und noch vieles andere mehr kennenlernen, wenn du in eine wirklich lebendige Beziehung mit Jesus Christus, unserem Vater Gott und dem Heiligen Geist hineinwächst.

Dazu brauchst du keine Kirche, Gemeinde, Religion oder ähnliches. Das kannst du ganz allein tun. Rufe nach der Wahrheit, die dich frei macht.

Um nicht geistlich auszubrennen, ist es wichtig, dass du im Geist Gottes wandelst und dich von ihm leiten und führen lässt. Tu nicht Dinge, die dein Ego will, sondern lass los, was Gott dir aufträgt loszulassen.

Dieses Buch ist nur ein kleiner Einstieg um dir einen Einblick in das Leben mit Gott und Jesus zu geben. Es ist unmöglich, alles aufzugreifen, was es zu sagen gäbe. Ich bin auch kein Freund von dicken Büchern. Es ist viel effizienter, das Wenige, was man gelesen hat, vielleicht umzusetzen. Viele Christen sind Wissensriesen aber Umsetzungszwerge. Gerade die wenigen aber wichtigen Basics setzen sie nicht um, und wollen stattdessen das Besondere und immer mehr und ausgefalleneres Wissen habe. KISS: Keep ist short and simple. Das vollbrachte Werk am Kreuz ist so simple, dass es schwer fällt, es umzusetzen. Mach es trotzdem, bleibe fokussiert und dein Leben wird sich zum Positiven verändern.

Schlusswort:

Gott wünscht sich, dass alle Menschen gesund, voller Wohlbefinden und Lebendigkeit/Freude sind. Es ist ihm ein Herzensanliegen. Er hat dem Menschen einen freien Willen gegeben, d.h. jeder Mensch kann sich für die Wahrheiten der Welt **oder** für Gottes Wahrheiten entscheiden. Gott hatte den Menschen geschaffen, weil er mit ihm leben wollte. Alles war perfekt. Bis die Schlange kam und den Menschen verführte, mit der Vorstellung, dass der Mensch werden könne wie Gott. Der Mensch ließ sich darauf ein und war ab diesem Tag von Gott getrennt. Anmerkung: Was sehr dumm ist. KEIN Mensch kann es mit Gott aufnehmen. Die Corona-Zeiten geben einen kleinen Einblick darüber, dass der Mensch keinerlei Macht hat! Auch weiterhin kümmerte sich der Mensch nicht um ein Leben mit Gott oder um das, was Gott am Herzen lag/liegt. Der Mensch war unrein geworden, nicht mehr würdig für Gott. Doch Gott selbst hat einen Weg geschaffen, den Menschen mit sich zu versöhnen. Jesus musste kommen. Gott wurde Mensch, um sich an unserer statt dem Teufel in die Hände zu geben und uns freizukaufen. Jesus starb für uns, doch Gott erweckte ihn wieder zum Leben! Jetzt können alle, die an ihn glauben, zum neuen Leben erweckt und wiedergeboren werden. Wenn du dich nach dieser Freiheit und diesem Frieden sehnst, dann rufe nach Jesus, nimm seine Rettung an und erkenne ihn als deinen Herren an. Werde Gottes Eigentum und dein Leben wird sich definitiv (!) zum Guten verändern!

*Der **schlechteste** Tag **MIT JESUS**, ist **BESSER**, als der BESTE TAG, **ohne** Jesus!*

Impressum:
Claudia Hofmann
Parkallee 2c
67295 Bolanden
www.meinwegzurückinsleben.de
www.claudiahofmann-ministries.com

Printed in Poland
by Amazon Fulfillment
Poland Sp. z o.o., Wrocław